Daniela Standard

Zwei Engel, ein König

Menschen mit Behinderung sind unentbehrlich, weil sie mit letzter Deutlichkeit zur Besinnung auf letzte Grundwerte des Geschöpfseins rufen. Sie sind Zeichen der Zeit und die leicht überhörbare Stimme Gottes in lebendiger Menschengestalt. Sie bringen ein Korrektiv, das die gängige Leistungsmentalität herausfordert: Nachdenken über das, was als „normal" gelten kann, und nachdenken über das, was den Menschen glücklich macht.

FRANZ DIETL
KATHOLISCHER WEIHBISCHOF, 2002

Daniela Standard

Zwei Engel, ein König

… läuft doch!

EDITION WORTSCHATZ

Druck und Bindung des vorliegenden Buches erfolgten in Deutschland

Das verwendete Papier ist FSC-zertifiziert. Als unabhängige, gemeinnützige, nichtstaatliche Organisation hat sich der Forest Stewardship Council *(FSC) die Förderung des verantwortungsvollen und nachhaltigen Umgangs mit den Wäldern der Welt zum Ziel gesetzt*

FSC www.fsc.org
MIX
Papier aus verantwortungsvollen Quellen
FSC® C083411

Die Deutsche Bibliothek verzeichnet diese Publikation in der Deutschen Nationalbibliografie; detaillierte bibliografische Daten sind im Internet über www.d-nb.de abrufbar

Lektorat: Christiane Kathmann
Umschlaggestaltung: spoon design, Olaf Johannson
Umschlagbild und Bilder im Innenteil: © privat,
S. 99: Trierischer Volksfreund
Satz und Herstellung: Edition Wortschatz

Edition Wortschatz Cuxhaven
ISBN 978-3-943362-39-8, Bestell-Nummer 588 863

www.edition-wortschatz.de

EDITION WORTSCHATZ

Inhalt

Vorwort von Ralf Schmitz

Laufen gehört nicht zu meinen Begabungen. Ich habe noch nie an einem Wettlauf teilgenommen. Joggen bis zur nächsten Straßenecke bringt mich aus der Puste. Nicht, dass ich völlig unsportlich wäre. Radfahren und Schwimmen geht eigentlich ganz gut. Aber laufen? Nein.

Allein schon deswegen habe ich größte Hochachtung vor Michael. Mit Zähigkeit und Begeisterung meistert er seine Rennen: den Stadtlauf rund um Trier – und den Lauf durch sein Leben. Er tut das auf seine Weise, in seinem Rhythmus. Alles kommt darin vor: die Beulen und die blauen Flecke, genauso wie seine Begeisterung über den eigenen Erfolg und die Freude an den Mitläufern und den Zuschauern.

Die gleiche Hochachtung habe ich vor seiner Mutter Daniela. Sie ist ihrem Michael in diesem Punkt sehr ähnlich. Mit Zähigkeit und Begeisterung geht auch sie an den Start. Viele „Rennen“ erleben wir mit ihr in diesem Buch: den Stadtlauf rund um Trier, als elterliche Betreuerin – genauso wie den Lauf durch ihr Leben als Mutter von Michael, William und Christopher. Alles kommt darin vor: die Beulen und die blauen Flecke, genauso wie die Begeisterung und das tiefe Bewusstsein dafür, auf dem richtigen Weg zu sein.

Danielas Leben entwickelt sich ganz anders als erwartet, in vielerlei Hinsicht. Von der behüteten Kindheit und den Träumen für das Gründen einer eigenen Familie bleibt nicht viel übrig. Nach der Geburt von Christopher und William betritt sie mit Michaels Geburt Neuland. Nach dem anfänglichen Schock tut sie beherzt ihre Schritte. Diagnosen, Theorien und ideologische Diskussionen lässt sie hinter sich. Sie deutet ihre eigenen Erfahrungen und lernt täglich dazu. Sie entdeckt, was in ihr steckt: unerwartete Begabungen, die mit den Herausforderungen ans Tageslicht kommen, die Offenheit für neue Einsichten und Verhaltensweisen, vor allem aber das Vertrauen, dass es weitergeht und dass am Ende, ganz am Ende, alles gut wird.

Dabei ist ihr Leben mit Michael Herausforderung und Erfüllung gleichermaßen. Alles inklusive! Ein oft schwieriger Alltag ist zu bestehen. Ungeschminkt und schnörkellos beschreibt sie die Sorgen und die Nöte, die schlaflosen Nächte. Im nächsten Augenblick erleben wir ihr tiefes Glück, ihre Freude und ihren Stolz, dass Michael einfach er selbst ist: so wie Gott ihn geschaffen hat, mit allem, was zu ihm gehört und was ihn ausmacht. Wir spüren ihre tiefe Dankbarkeit dafür, dass sie zusammen genau die Familie sind, die sie sind.

In Michael spiegelt sich Danielas Einstellung zum Leben. Umgekehrt ist Danielas Einstellung zum Leben auf dem Weg mit Michael gewachsen, geprägt und gereift. Gemeinsam ist beiden eine Grundehrlichkeit, ein Realismus, die Dinge so zu sehen, wie sie sind und die Entschlossenheit, Herausforderungen anzunehmen. Dazu gehören Mut, Bereitschaft zum Risiko und ein Grundvertrauen in das Leben. Gemeinsam ist ihnen das Lachen, die Freude an Sport, Spiel und Spannung und die Begeisterung über ein intensives Leben, das sich lohnt gelebt zu werden. Und: Beide sind weit davon entfernt, Heilige zu sein.

Ich habe Michael durch Daniela bei einem Gottesdienst kennen gelernt. Sein freundliches Gesicht, sein Interesse für das kirchliche Leben, für die Priester und die anderen Akteure sind gewinnend.

Daniela und Michael trauen dem „God of Surprises“, dem „Gott der Überraschungen“ (Gerard W. Hughes SJ). Sie haben sich beide auf das Abenteuer mit Gott eingelassen. Ihr Glaube ist ansteckend.

Ich bin dankbar, dass Daniela uns in ihr Leben, Denken, Fühlen und Glauben schauen lässt. Die Geschichten und Gedanken sind bewegend und berührend. Es gibt vieles zum Schmunzeln und zum Lachen. Daniela konfrontiert uns mit unseren eigenen

Wertvorstellungen, unseren Erwartungen an das Leben, unseren Umgang mit Enttäuschungen und unsere Bereitschaft, uns überraschen zu lassen.

Ob das Buch meine Einstellung zu „Stadtläufen“ ändern wird? „Jamais dit jamais!“ Man soll niemals niemals sagen!

Ralf Schmitz, Trier[1]

---

1 Ralf Schmitz ist katholischer Priester mit vielfältiger Erfahrung in der Begegnung mit Menschen mit Behinderung. Er hat an einer Schule für Körperbehinderte Katholische Religion unterrichtet. Seit seinem Praktikum in der *Arche Daybreak* in der Nähe von Toronto ist er der *Arche* verbunden, auch in der Geistlichen Begleitung der *Arche* Deutschland und Österreich. Im Jahr 2000 hat er mit gehörlosen Menschen die Kath. Gehörlosengemeinde im Bistum Trier gegründet und ist seitdem ihr Pfarrer. Seit April 2015 leitet er zusätzlich das Katholische Dekanat Trier und die Seelsorge in der Pfarrei St. Matthias Trier.

Gib mir den längeren Atem

Gib mir den längeren Atem,
mein Atem reicht nicht sehr weit,
lass mich noch einmal verstohlen
Atem holen
in deiner Ewigkeit.
Wenn ich die Meile
mit einem teile,
der sie alleine nicht schafft,
lass auf der zweiten
mich ihn noch begleiten,
gib mir den Atem, die Kraft.[2]

MANFRED SIEBALD

2 *Gib mir die richtigen Worte,* Text & Melodie: Manfred Siebald. © 1978 SCM Hänssler, 71087 Holzgerlingen.

Samstag, 27. Juni 2007, Stadtlauf Trier

Bei schönstem Wetter – strahlendem Sonnenschein und zum Laufen recht warmen 25 Grad Celsius – stehe ich mit meinem Sohn Michael (sein Name wird Englisch „Maikel" ausgesprochen, da er einen amerikanischen Papa hat) an der Startaufstellung beim Stadtlauf Trier. Fünf Kilometer sollen wir laufen: Michael mit seinen Klassenkameraden und vielen anderen Läuferinnen und Läufern aus der Stadt und dem Umkreis, und ich als seine Betreuerin. Michael und die Jugendlichen um ihn herum gehören alle zu einer Förderschule des Vereins Lebenshilfe e. V. mit dem Schwerpunkt ganzheitliche Entwicklung. Sie sollen nicht ohne Begleitung laufen, denn es sind ganz besondere Mädchen und Jungen mit unterschiedlichen Beeinträchtigungen, aber auch vielen Talenten und Fähigkeiten.

Jetzt, hier an der Startaufstellung, steigert sich unsere Aufregung. Das Gemurmel aller Teilnehmer, die Ansagen des Sprechers über das Mikrofon, das ständige Raunen der Zuschauermenge, die gespannt auf den Start wartet, um die Läufer anzufeuern, tragen zur allgemeinen Stimmung bei.

Nicht nur das Lampenfieber vor dem Lauf, sondern das ganze Ambiente ist für die Jugendlichen etwas Besonderes – etwas, das sie sonst in dieser Form nicht erleben. Viele Wochen lang haben sie auf diesen Moment hingearbeitet. Im Sport und in den Lauf-AGs haben ambitionierte Lehrerinnen und Lehrer die Schüler trainiert und körperlich und seelisch auf den Wettkampf vorbereitet. Gar nicht so einfach, die geistig und zum Teil auch körperlich beeinträchtigten Mädchen und Jungen zu motivieren, ihnen die Freude an der körperlichen Bewegung zu vermitteln und zu erkennen, was für wen gut ist. Sicherlich gab es oft Frust und Rückschläge, Unverständnis und Verweigerung, wenn ein Training mal zu anstrengend war, aber auch Freude und Stolz auf allen Seiten, wenn es Erfolg zeigte.

Ich erinnere mich, dass Michael immer sehr gerne seine Sporttasche gepackt hat und glücklich aus der Schule kam, wenn er wieder im Moselstadion trainieren durfte. Eine Lehrerin schrieb ihm an diesen Tagen immer kurze Rückmeldungen in sein Mitteilungsbuch, weil er nicht selbst vom Training erzählen konnte. Wenn wir dann am Abend zusammensaßen und diese Rückmeldungen während unseres Vorleserituals auf dem Sofa gemeinsam lasen, spürte ich immer sehr deutlich, wie stolz er war, wenn die Lehrerin seine läuferischen Fähigkeiten gelobt hatte. Allerdings fiel es mir immer recht schwer, mir diese vorzustellen, da Michael ein sehr auffälliges Gang- und Laufbild hat. Aber selbstverständlich habe ich mich zurückgehalten, nichts darüber gesagt und mich mit ihm gefreut.

Immerhin, jetzt stehen wir hier, und Michael soll gleich diese fünf Kilometer laufen. Skeptisch bin ich schon, vor allem, wenn ich an die vielen Beulen und blauen Flecke denke, die er sich in seinem Leben schon zugefügt hat, wenn er mal wieder über seine eigenen Füße gefallen ist. Trotzdem – weit ist er auf jeden Fall gekommen, denke ich. Meine Gedanken wandern dreizehn Jahre zurück, zu dem Tag, an dem Michael geboren wurde.

Der Anfang

Mit jedem Menschen ist etwas Neues in die Welt gesetzt, was es noch nie gegeben hat, etwas Erstes, Einzigartiges.

MARTIN BUBER

25. Februar 1994, Grand Junction, USA – Da stimmt was nicht!

Nach neun langen Schwangerschaftsmonaten ist Michael endlich da. Froh und erleichtert höre ich sein leises Wimmern und mache mir zu diesem Zeitpunkt wenig Gedanken darum, dass die Ärzte und Krankenschwestern ziemlich hektisch an ihm herumarbeiten. Ich bekomme am Rande mit, dass sein Apgar-Wert nur 7 von 10 Punkten hat. Da sich dies jedoch nach 10 Minuten wieder eingependelt hat, messe ich dem Ganzen keine große Bedeutung bei. Als Michael mir dann endlich in den Arm gelegt wird, versinkt der Rest der Welt für mich sowieso im Hintergrund.

Ich kann mich an dem kleinen Bündel gar nicht mehr sattsehen, so perfekt kommt es mir vor. Ein wenig wundere mich wohl über die roten Punkte in seinem Gesicht, aber das kommt von der Geburt, da bin ich mir sicher. Über sein volles hellbraunes Haar, „gestylt" wie ein Hahnenkamm, muss ich schmunzeln: Aufgrund zweier Wirbel wachsen die Haare in der Mitte des Kopfes gerade nach oben, der Rest liegt eng an. Das sieht richtig witzig aus! Seine Augen sind ein wenig mandelförmig, so wie meine und die meiner anderen Söhne, die Farbe ist noch nicht zu erkennen – sie scheint jedoch blau zu sein. Aufmerksam zähle ich seine langen dünnen Fingerchen – es sind zehn, wie erwartet, und auch die zehn minikleinen Zehen sind alle da. Normal lang ist er, nur ziemlich dünn: Mit 2750 Gramm wiegt Michael ein gutes Stück weniger als seine Geschwister bei ihrer Geburt. Ob das etwas zu bedeuten hat? Ich weiß es nicht, vergesse auch, weiter darüber nachzudenken, weil mein Mann und meine zwei älteren Söhne kommen, um Michael willkommen zu heißen.

Dabei gibt es eine erste kleine Krise: Willi, unser dreijähriger Sohn, weint, weil er Abstand vom Baby halten muss, es nicht berühren oder gar halten darf, da er eine hochansteckende Bindehautentzündung hat. Das kann er nicht verstehen und er ist traurig. Wir trösten ihn, so gut es eben geht, und versprechen ihm, dass er Michael halten darf, sobald sein Auge gesund ist. Glücklicherweise lässt er sich beruhigen und schaut seinen kleinen Bruder nur aus sicherer Entfernung genau an. Der stolze große Bruder Christopher darf näher heran und traut sich, dem neugeborenen Baby zart über das Köpfchen zu streicheln. Die Frisur findet er auch lustig.

Meine nächste Erinnerung spielt sich im Krankenzimmer ab. Ich liege im Bett und zum ersten Mal, seit meine Kinder auf der Welt sind, habe ich ein Zimmer und eine Nacht für mich ganz allein. Eine ganze lange Nacht bin ich ungestört. Eine ganze lange Nacht habe ich kein Kind, das etwas von mir will. Eine ganze lange Nacht kann ich mich im Bett bewegen, ohne Rücksicht nehmen zu müssen auf meinen Mann oder die Kinder, die gerne nachts zu uns gekrabbelt kommen und dann immer viel Platz im Bett beanspruchen. Ich kann wieder auf dem Rücken liegen ohne den dicken Bauch, der gedrückt hat, und ich genieße es. Endlich keine Rückenschmerzen mehr und ein Bett, das ich mit niemandem teilen muss. Zufrieden räkele ich mich, strecke mich aus und spüre den Freiraum, den ich sonst nicht habe. Ich freue mich, selbst mein Fernsehprogramm bestimmen zu dürfen und nicht irgendwelche Zeichentrickserien schauen zu müssen. Eine Nacht ohne Störung liegt vor mir – na ja, vielleicht bringt mir später die Schwester noch Michael zum Stillen, aber das ist nicht schlimm, das gehört ja dazu. Gott sei Dank, es ist geschafft: Michael ist geboren, Christopher und William sind versorgt, für heute habe ich keine Pflichten mehr. – Ich fühle mich wohl.

Die Tür öffnet sich und mein Hausarzt, der mich über die Schwangerschaft hinweg begleitet hat, kommt herein. Er setzt sich zu mir ans Bett und fragt, wie es mir geht. Ich denke: „Das ist aber nett, dass er um diese Zeit vorbeikommt, um nach mir zu sehen", und spüre nicht die geringste Sorge, dass irgendetwas nicht stimmen könnte. Im Gegenteil. Nichts liegt mir ferner als irgendein Verdacht, dass es Probleme oder Schwierigkeiten geben könnte. Noch schwebe ich im siebten Himmel und genieße meine „Nacht der Freiheit".

Dann sagt mir der Arzt, er sei gerufen worden, und bittet mich, mit ihm zum Kind auf die Intensivstation zu kommen. Intensivstation? Wieso liegt mein Kind auf der Intensivstation? Langsam dämmert es mir, dass da etwas gar nicht gut läuft, dass der Arzt nicht aus reiner Freundlichkeit hier ist, und mir wird übel. Ich falle von meiner Wolke sieben und schlage ziemlich hart in der Realität auf. Während der Hausarzt mir von Michaels Problemen berichtet, breitet sich das üble Gefühl immer weiter aus: Vom Magen her stößt es mir sauer auf, in meinem Mund schmecke ich einen unangenehmen Metallgeschmack, meine Hände kribbeln, mein ganzer Körper gehorcht mir nicht mehr richtig. Ich habe das Gefühl neben mir zu stehen. Die Beine zittern, das Herz tut weh. Die Vorfreude auf eine erholsame Nacht ist vergessen. Mein Baby ist krank, und mir ist schlecht!

1. März 1994 – Alles wird gut!

Ich freue mich, Michael darf nach Hause. Ich selbst bin schon vor drei Tagen heimgeschickt worden, weil für die frischgebackenen Mütter immer nur eine Nacht im Krankenhaus vorgesehen ist. Allerdings hatte ich die Auflage bekommen, mich tagsüber im Wartezimmer bereitzuhalten, um Michael zu füttern, und nachts zu Hause meine Milch abzupumpen, damit er immer Muttermilch zur Verfügung hatte. In seiner Situation war es lebenswichtig für ihn, Muttermilch zu bekommen.

Jetzt habe ich drei ziemlich stressige Tage und Nächte hinter mir: Da war vor allem die Sorge um Michael – wird er leben? Die Ärzte waren sich da nicht sicher, und mir wird immer noch übel, wenn ich daran denke. Gleichzeitig mussten Christopher und William, meine beiden „Großen", versorgt und getröstet werden, denn sie hatten sich ja die Ankunft des Babys ganz anders vorgestellt. Außerdem vermissten sie ihre Mama und es fiel ihnen schwer, zu begreifen, warum ich jeden Tag wieder zurück ins Krankenhaus musste. Das war zunächst nicht einfach, aber der Appell an die großen Brüder, noch ein paar Tage geduldig zu sein, blieb nicht ungehört. Gott sei Dank war ja auch der Papa zu Hause, so waren sie wenigstens versorgt, und nachts war ich ja wieder da.

Die Ärzte und das ganze Personal auf der Säuglingsintensivstation hatten sich bestens um unser Baby gekümmert. Michael war rund um die Uhr versorgt und mit Medikamenten behandelt worden. Eine Rückenmarkpunktion hatte ergeben, dass er an Hirnhautentzündung erkrankt war, ob eine bakterielle oder virale musste noch untersucht werden. Vorsorglich hatte er per Infusion Antibiotika bekommen und seine Blutsättigung war ständig kontrolliert worden, sodass seine armen Füßchen die Spuren von mehrfachen Blutabnahmen zeigten – offensichtlich ist das bei Babys eine gute Stelle zum Abzapfen. Für mich als Mutter hatte das aber trotzdem schrecklich ausgesehen. Hatte das alles sein müssen? Was hatte es denn gebracht, ihm ständig Blut abzunehmen? Mir wurde erklärt, dass dies notwendig gewesen wäre, um dem Baby die beste

Behandlung angedeihen zu lassen – die Diagnose war ja anfangs nicht klar gewesen und die Ursache für seine Krankheit hatte erst gefunden werden müssen.

Schließlich steht fest: Michael hat eine virale Hirnhautentzündung. Nun also ist er auf dem Weg der Besserung und kann nach Hause. Den Grund für diese Hirnhautentzündung fanden die Ärzte nicht. Die gängigen Ursachen wie Toxoplasmose oder Röteln konnten ausgeschlossen werden. Und wenn der Körper eine Virusinfektion bekämpft, sind diese Viren nur begrenzte Zeit im Körper vorhanden. Einmal abgebaut, kann man sie nicht mehr untersuchen. Und Michael hatte die Viren erfolgreich bekämpft. Wir können Gott danken, dass es keine bakterielle Hirnhautentzündung war. Diese lässt sich zwar durch Antibiotika behandeln, doch ihr Verlauf ist ungleich gefährlicher.

Die Ärzte erklären mir, dass Michael zwar immer noch krank sei, aber die Krise sei überstanden und den Rest würde er zu Hause besser schaffen. Dort sei es ruhiger und stressfreier als in der Klinik, was für ihn nur förderlich sein könne. Damit ich ihm im eventuellen Krisenfall auch gut helfen kann, erhalte ich noch eine ausführliche Schulung in „Erster Hilfe für Babys“ – sehr sinnvoll, wie ich finde, auch für Eltern von gesunden Kindern, denn man weiß ja nie, was alles passieren kann.

Endlich darf ich mein Baby mit nach Hause nehmen. Allerdings soll ich vorher noch zum Augenarzt fahren. Der soll feststellen, ob Michael durch die Hirnhautentzündung eventuell erblindet ist – ein schrecklicher Gedanke. Benommen mache ich mich mit ihm auf den Weg.

In der Praxis kommen wir gleich dran, aber ich darf nicht mit in das Untersuchungszimmer. Das macht mich sprachlos. Habe ich als Mutter nicht das Recht, mein kleines Baby zu begleiten? Nein, ich darf tatsächlich nicht mit. Das wäre kontraproduktiv, heißt es, denn ich würde stören. Arzt und Sprechstundenhilfe machen da nicht viele Worte, lassen sich auf keine weitere Diskussion ein. Ich habe keine Chance und muss warten. Mir bleibt also nichts anderes übrig, als mich in mein Schicksal zu fügen. „Wird schon nicht so schlimm sein", hoffe ich. „Und ist ja auch nur ein für ein paar Minuten."

Doch dann erkenne ich, warum ich nicht mitdurfte: Hinter der Tür höre ich mein Baby erbärmlich schreien. „Was machen die nur mit ihm?", frage ich mich. Die anderen Personen im Wartezimmer schauen mich entsetzt an, zeigen murrend ihre Empörung, und ich bin fertig mit den Nerven. Mir kommen die Tränen. Zum ersten Mal seit Michaels Geburt muss ich weinen. Vor Aufregung schießt die Milch ein und dunkle Flecken auf meiner Bluse verraten meinen Zustand. Als ich schließlich nach einer gefühlten Ewigkeit wieder ins Untersuchungszimmer darf, bin ich nass geschwitzt, nass getropft, nass geweint. Und ich sehe mein armes Baby, das in den ersten vier Tagen seines Lebens so viel mitmachen musste, puterrot in seinem Kindersitz liegen, die Augenlider oben und unten dick geschwollen. Abdrücke von Zangen sind zu sehen und mir bricht das Herz. „Jetzt wissen Sie, warum Sie nicht dabei sein durften", sagt der Arzt. „Das hätten Sie nicht ausgehalten!" Recht hat er. Aber besser ging es mir im Wartezimmer auch nicht.

Immerhin hat er eine gute Nachricht für mich: Alles in Ordnung, unser Baby ist nicht blind. Und ich denke: „Jetzt wird doch noch alles gut."

September 1994 – Es stimmt doch etwas nicht!

Die nächste Vorsorgeuntersuchung steht an. Bei den letzten Untersuchungen habe ich meiner Besorgnis Ausdruck verliehen, dass Michael seinen Kopf noch nicht halten kann. Aber immer wieder hat der Arzt beschwichtigt und mich zur Geduld angehalten: „Keine Sorge, er ist völlig normal!" oder „Er hatte halt einen schweren Start, lassen Sie ihm Zeit" – eigentlich genau das, was ich hören möchte, und ich habe lieber nicht weiter nachgehakt. Wer will schon die Bestätigung haben, dass die Sorgen berechtigt sind? Nein, es ist alles normal, kein Grund zur Sorge – obwohl …

Eine junge Frau aus dem Ort hat ihr Baby einen Monat nach mir bekommen und der Kerl sitzt schon kerzengerade im Einkaufswagen, während Einkaufen mit Michael nur mit dem Autokindersitz möglich ist. Und wenn ich mich ehrlich an Christophers und Williams Säuglingszeit erinnere, muss ich gestehen, dass die beiden in seinem Alter schon viel weiter waren als er. Also ein weiterer Grund zur Sorge, denke ich. Auf der anderen Seite ist Michael ein richtig fröhliches Kind. Schnell kann man ihn zum Lachen bringen, vor allem, wenn Christopher und William mit ihm spielen. Man merkt ihm an, wie gerne er den beiden hinterherrennen würde, was natürlich noch nicht geht, und gut gelaunt freut er sich über jeden, der sich mit ihm beschäftigt. Froh, dass er offensichtlich keine Traumata zurückbehalten hat und seine ersten schweren Tage ihm nicht geschadet haben, habe ich ihn gerne überallhin mitgenommen, um ihn Freunden und Bekannten vorzustellen. Hin und wieder schleichen sich jedoch auch leise Befürchtungen ein, dass trotz all der positiven Entwicklung nicht alles so ist, wie es sein sollte.

Doch heute gehe ich gut gelaunt zur Vorsorgeuntersuchung. Beim Abhören macht Michael total hektische und bizarre Bewegungen mit den Armen und strampelt unentwegt und heftig. Dabei schnappt er ganz merkwürdig nach Luft und verzieht den Mund in einer beinahe spastischen Art und Weise, während die Falten in der Stirn unseres Hausarztes immer tiefer werden. „Macht er das öfter?“, fragt er. Am liebsten würde ich sagen: „Nein, das hat er noch nie gemacht“, oder: „Er hat eben ein bisschen Spaß“, aber das kann ich nicht. Ich habe diese hektischen Bewegungen schon früher gesehen, aber ich habe ihnen keine Bedeutung beigemessen – oder wollte einfach nicht wahrhaben, dass dies nicht normal sein könnte. Ich habe mir vorgemacht, das wäre ganz witzig oder er würde „trainieren“. Neben all den anderen Dingen, die mich bedrücken, ist mir das eher nebensächlich erschienen. Doch hier in der Praxis wird mir plötzlich klar, dass dem wohl nicht so ist. Stumm nicke ich, und der Doktor sagt etwas, das ich ganz und gar nicht hören will: „Ich würde ihn gern von einem Neurologen untersuchen lassen."

Tausend Gedanken gehen mir im Kopf herum, als ich wieder nach Hause fahre. Immer wieder habe ich mir Sorgen gemacht und Dinge angesprochen, die mir aufgefallen sind, immer wieder habe ich Michael beobachtet und meine Befürchtungen zu einer Entwicklungsverzögerung geäußert und jetzt, da mir von offizieller Seite bestätigt worden ist, dass da tatsächlich etwas nicht stimmt, will ich es nicht wahrhaben. Jede Menge Erklärungen fallen mir für die hektischen Bewegungen ein und ich ärgere mich über den penilen Arzt, der scheinbar aus einer Mücke einen Elefanten machen will. „Nun gut", denke ich, „er will, dass Michael weiter untersucht wird – das kann er haben. Wir werden ihm schon zeigen, dass alles in Ordnung ist." Doch in den folgenden Tagen merke ich, dass ich beginne, Michael mit anderen Augen anzusehen. „Sein Hinterkopf ist schon ein wenig flach", denke ich, „und auf dem Bauch liegen mag er gar nicht – da schreit er wie am Spieß." Er liegt aber sehr gerne in der Baby-Wippe und schaut aus dem Fenster. Am liebsten hat er es, wenn der Wind die Blätter des Baumes bewegt, der gleich vor dem Küchenfenster steht. Ihm gefällt wohl die satte grüne Farbe der Blätter besonders gut. Wenn ich ihn zu mir auf den Schoß nehme, stellt er sich gleich auf die Füße, so wie es meine beiden anderen Jungs getan haben, und manchmal „hüpft" er auch auf meinem Bein auf und ab. Beim Stillen bin ich nicht ganz so zufrieden – ich habe immer das Gefühl, dass er nur ganz schwach saugt und immer viel zu schnell satt ist. Er wächst zwar, bleibt aber viel zu dünn für meinen Geschmack.

Ich bespreche meine Ängste mit der Familie, doch auch von denen will keiner etwas hören. „Du wirst sehen, es ist alles in Ordnung" ist einer der vielen Sprüche, die ich mir anhören muss. Doch zum ersten Mal nehme ich die beruhigenden Worte nicht an. Zum ersten Mal lasse ich meine Befürchtungen wirklich zu, denn tief in mir weiß ich: Da stimmt etwas nicht.

Die Diagnose

Was vor uns und was hinter uns liegt, ist unbedeutend, verglichen mit dem, was in uns steckt!

RALPH EMERSON WALDEN

Oktober 1994 – Ob Michael jemals laufen lernt?

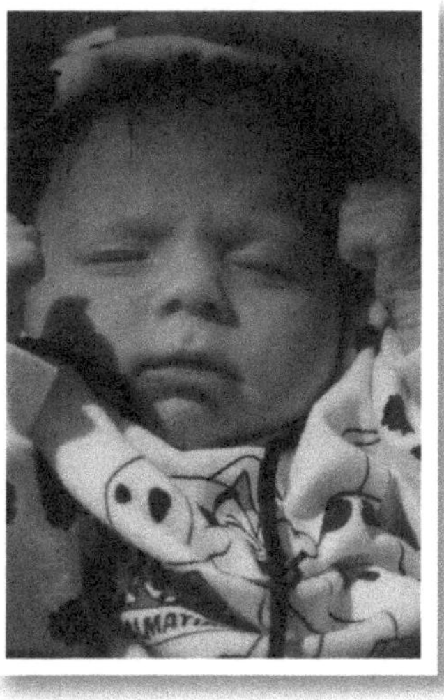

Endlich ist der Termin beim Neurologen gekommen. Nach einer sehr gründlichen Untersuchung sagt er freundlich zu mir: „Was haben Sie für ein fröhliches, liebes Kind. Bestimmt macht er Ihnen viel Freude!"

Ich strahle ihn an, bin sehr stolz auf meinen Sohn, der tatsächlich ein richtiger Sonnenschein ist. Fast immer gut gelaunt, fast immer strahlend.

Im gleichen leichten Tonfall spricht der Arzt weiter: „Ich glaube, ich weiß, was los ist: Er hat eine milde Zerebralparese!"

Ich lächle ebenso freundlich zurück, nicke und habe keine Ahnung, was das bedeutet. Offensichtlich kann der Neurologe die vielen Fragezeichen in meinem Gesicht deuten und erklärt mir, dass eine Zerebralparese eine Störung des Zentralnervensystems ist und die unterschiedlichsten Auswirkungen haben kann: eine körperliche oder geistige Beeinträchtigung oder beides. Manche Kinder sind normal begabt und sitzen im Rollstuhl, andere sind körperlich gesund, aber geistig behindert und wieder andere sind schwerstmehrfachbehindert.

„Ich bin sicher, Michael hat eine milde Form", tröstet mich der Arzt. „Wie sich diese äußert, bleibt abzuwarten."

Als ich die Worte des Neurologen vernehme, registriere ich verwundert, dass ich nicht erschrocken bin. Vielleicht liegt es daran, dass trotz dieser Diagnose nicht plötzlich ein anderes Kind vor uns auf dem Untersuchungstisch liegt. Es ist immer noch mein Michael, fröhlich, strahlend, und nur, weil das Ganze jetzt einen Namen hat, verändert es ihn nicht. Vielleicht liegt es aber auch daran, dass ich tief in mir schon mit einer solchen Diagnose gerechnet habe. Dass das Ganze jetzt einen Namen hat, ist irgendwie auch eine Erleichterung. Mir fällt das Sprichwort ein: „Ein erkannter Feind ist ein halb bekämpfter Feind." Jetzt, wo ich weiß, was los ist, kann ich anfangen, damit zu arbeiten. Ich hänge nicht mehr in der Luft mit meinen Fantasien, die mal mehr, mal weniger schlimm sind, sondern habe endlich etwas, an dem ich mich festhalten kann. Endlich bin ich nicht mehr zur Untätigkeit verdammt, sondern kann agieren.

Ich traue mich, den Doktor nach einer Prognose für Michael zu fragen, doch darauf lässt er sich gar nicht ein. „Es gibt so viele Erscheinungsformen", sagt er, „das bleibt abzuwarten." Aber er bezweifelt, dass Michael jemals laufen lernen wird.

Mit dieser Diagnose gehe ich zurück zu unserem Hausarzt. Der macht mir jedoch Mut: „Wir wollen alles nur erdenklich Mögliche tun, damit er so früh wie möglich gefördert wird!", verspricht er mir und verordnet Michael Physio- und Ergotherapie, die wir in regelmäßigen Abständen wahrnehmen können.

Gott sei Dank sind wir krankenversichert. Das ist in den USA gar nicht so selbstverständlich. Allerdings sind wir leider nicht über die Arbeit meines Mannes versichert, sondern über meine in der Fabrik. Das bedeutet, dass ich trotz all unserer Belastung weiter voll arbeiten muss, denn Teilzeitarbeit ist in unserer Firma nicht möglich. Da ich für die Nachtschicht eingeteilt bin, können wir uns mit der Betreuung der Kinder abwechseln. Wenn ich morgens um 6.30 Uhr nach Hause komme, fährt Charles los. Damit ich ein wenig Schlaf bekomme, hilft uns eine Babysitterin ein paar Stunden am Tag aus – das reicht aber noch lange nicht, und ich fühle mich ständig müde und ausgelaugt. Außerdem müssen ja all unsere Termine bei Ärzten und Therapeuten wahrgenommen werden, und so etwas wie einen Kindergarten für unsere beiden Älteren gibt es hier am Ort nicht – höchstens eine Vollzeit-Babysitterin oder eine professionelle „Kinderstube". Das wäre jedoch so teuer, dass ich von meinem Stundenlohn ganze 25 Cent selbst behalten könnte. Da auch die Krankenkasse in den USA nur 80 Prozent aller Arztrechnungen bezahlt – den Rest müssen wir selbst tragen –, versuchen wir, unsere Kosten so gering wie möglich zu halten. Wir hoffen daher, bis zur Preschool, der kostenlosen Vorschule, die Christopher und William mit fünf Jahren besuchen dürfen, durchzuhalten.

Wenn mein Mann dann nach der Arbeit nach Hause kommt, ist es schon fast wieder Zeit für mich zu arbeiten. Wir tauschen noch schnell ein paar Neuigkeiten aus, treffen ein paar Absprachen, und weiter geht's.

Schön ist es, dass sich die Therapeutinnen so gut um Michael kümmern. Sie zeigen mir genau, welche Übungen ich mit ihm zu Hause machen soll. Je mehr wir üben, desto besser kann er sich entwickeln.

Also üben wir Tag für Tag. Wir haben jetzt auch einen Gymnastikball, der besonders den beiden Großen gut gefällt, und wir perfektionieren alle unser Gleichgewichtsgefühl. Michaels Feinmotorik wird mit leckeren „Smacks" trainiert. Die kleinen, etwa kaffeebohnengroßen Körner werden dazu auf dem Tisch ausgeschüttet, Michael muss sie einzeln aufheben und darf sie selbstverständlich gleich naschen. Er muss dazu Daumen und Zeigefinger koordinieren und zielsicher ein Korn anvisieren und greifen. Da er die Smacks so gerne isst, ist Michaels Motivation dazu sehr hoch. So macht er mehr und mehr Fortschritte, und seine Körperspannung und seine Auge-Hand-Mund-Koordination verbessern sich deutlich. „Vielleicht kommen wir doch noch gut weg", denke ich, „vielleicht haben die Ärzte doch unrecht, und wir bekommen alles so gut in den Griff, dass Michael später keine spürbaren Defizite mehr hat."

> *Jede Wahrheit durchläuft drei Stufen: Erst erscheint sie lächerlich, dann wird sie bekämpft, schließlich ist sie selbstverständlich.*
>
> ARTHUR SCHOPENHAUER

November 1994 – Deutliche Worte

Heute mache ich mich auf den weiten Weg von Fruita nach Denver – Fahrtzeit etwa vier Stunden. Michael hat einen Untersuchungstermin in der Uni-Klinik in Denver. Unser Neurologe hat mit einem bekannten Professor Kontakt aufgenommen, und der soll sich Michael mal genau anschauen. Das Ganze ist ziemlich spannend, unter anderem auch, weil ich mich in Denver gar nicht auskenne. Zum Glück begleitet mich Betsy, eine gute Freundin unserer Familie, die sich besser als ich dort zurechtfinden kann. Und tatsächlich klappt alles, wir finden auch die entsprechende Station in der Uniklinik rechtzeitig für unseren Termin. Nach einer angemessenen – und gar nicht so langen – Wartezeit schaut sich der Professor Michael genau an. Seine Krankenakte hat er wohl schon vorher bekommen, denn er ist schon im Bilde. Gut für mich ist außerdem: Er spricht perfekt Deutsch, sodass uns keine Sprachbarriere trennt. Auch wenn mein Englisch ziemlich gut ist, fehlen mir bei den ganzen Fachausdrücken die Vokabeln und bei diesen tiefgehenden Gesprächen auch das notwendige Grundwissen.

Nach der körperlichen Untersuchung durchläuft Michael noch einen Intelligenztest, der mit viel gutem Willen, so der Professor, einen IQ von 67 ergibt. Ab einem Intelligenzquotienten von unter 70 spricht man von einer geistigen Behinderung, erklärt er mir. Ich versuche, durch alle möglichen Erklärungen noch ein besseres Ergebnis rauszukitzeln, den einen oder anderen Punkt herauszuschinden, damit wir über die 70 kommen, jedoch vergeblich. Er bleibt hart!

„Aber vielleicht wächst sich das Ganze noch aus?", frage ich hoffnungsvoll.

Doch der Arzt macht eine ernste Miene und erklärt mir klipp und klar: „Ihr Sohn hat einen hohen EQ (= emotionaler Quotient), da bin ich mir sicher. Freundlich und den Menschen zugewandt, charmant und fröhlich. Schauen Sie, wie er mit jedem lacht, der sich mit ihm beschäftigt. Aber wenn er nicht behindert sein sollte, dann ist er auf jeden Fall dumm!"

Klare Worte, die sich wie kleine Schläge in meinem Gesicht anfühlen. Ich starre ihn an, weiß keine Antwort auf die Ungeheuerlichkeit, die mir hier so unverblümt präsentiert wird. Keine Chance mehr, dass das alles ein riesengroßes Missverständnis ist. Keine Chance, dass Michaels Zustand noch irgendwie geheilt werden kann. Keine Chance darauf, dass ich aus diesem Traum erwache und alles nicht ganz so schlimm ist. Im Gegenteil – die Wahrheit so vorgehalten zu bekommen, weckt mich rüde aus meinen Hoffnungsträumen auf und lässt mich abrupt in der Realität ankommen. Das schmerzt!

Freundlich, aber bestimmt fasst mich der Professor an der Hand. „Ihr Sohn wird seinen Weg machen, da bin ich mir sicher. Ich habe ja gesagt, er hat einen hohen EQ, das ist fürs Leben auch ganz wichtig. Es gibt viele hochbegabte Menschen, die zwar einen hohen IQ besitzen, aber mit anderen Menschen überhaupt nicht gut umgehen können. Die haben es unter Umständen schwerer, sich im Leben einzurichten als Ihr Sohn. Sie werden schon sehen!"

Mit diesen Aussichten im Gepäck fahre ich wieder zurück nach Hause. Ich habe viel Stoff zum Nachdenken und muss versuchen, aus diesem Auf und Ab von Gefühlen, aus diesem Wechselbad von Hoffnung und Sorge herauszukommen. Annehmen ist angesagt, nur so kann ich weitermachen.

Dezember 1994

Und so arbeite ich in den nächsten Monaten nicht nur mit Michael, sondern vor allem an mir selbst. Es ist schon eine Herausforderung für mich, die Hoffnung auf komplette Heilung abzulegen, ohne auf der anderen Seite alles hinzuwerfen und nur noch das Negative unserer Situation zu sehen. Nach vorne schauen und weitermachen heißt die Devise. Es gilt die Gratwanderung anzutreten, meinen Sohn zu fordern und zu fördern, nicht Unmögliches zu erwarten, und gleichzeitig auch voll und ganz für den Rest unserer Familie da zu sein. Auch sie haben meine volle Aufmerksamkeit als Frau und Mutter verdient und dürfen nicht hinter Michael verschwinden. Die Frage ist auch, wie viel von dieser Situation Christopher und William in ihrem Alter schon mitbekommen und wie viel sie verstehen und verarbeiten können. Was sie auf jeden Fall schon wissen ist, dass Michael nach der Geburt sehr, sehr krank war. Nun erkläre ich ihnen, dass Krankheiten wie eine Hirnhautentzündung dazu führen können, dass ein Kind später für bestimmte Sachen mehr Hilfe benötigt als andere. Das sehen sie ein und finden, dass das nicht schlimm ist und sie ihm auf jeden Fall helfen wollen. Er ist doch ihr kleiner Bruder! Und sie geben ihm beide ein Küsschen auf die Stirn und wenden sich wieder ihrem Spiel zu, aus dem ich sie eben herausgerissen habe. Aha, so einfach und unkompliziert ist das also für sie, denke ich. Er ist ihr kleiner Bruder, also sind sie für ihn da. Mir ist natürlich klar, dass die beiden die gesamte Tragweite dessen, worüber wir gesprochen haben, noch gar nicht begreifen können, aber es ist doch schon mal ein Ansatz, auf den ich aufbauen kann. Also, Daniela: Reiß dich zusammen. Es gibt was zu tun!!!

Juni 1995 – Ihr Kind ist behindert!

Nach vielem Hin und Her wohnen wir wieder in Deutschland. Mein Mann hat eine Arbeit in Saudi-Arabien bekommen, aber die Firma wollte unseren Michael dort nicht einreisen lassen. Er sei nicht gesund und es gäbe nicht genug Möglichkeiten ihn zu fördern. Ich habe alles Mögliche versucht. Ein Attest besagt, dass Michael keine Medikamente benötigt. Außerdem versichere ich ihnen, dass ich in die Physiotherapie, Logopädie und Ergotherapie so gut eingewiesen bin, dass ich beides unter regelmäßiger Rücksprache mit den Therapeutinnen selbst übernehmen kann. Dafür haben mir die Therapeutinnen extra einen Brief mitgegeben, in dem sie dies bestätigen, und den ich bei der Personalstelle eingereicht habe. Aber ich habe keine Chance. Die Sachbearbeiter lassen nicht mit sich reden, und ich bin mir auch nicht sicher, inwieweit sich mein Mann wirklich für uns eingesetzt hat. Meine zornigen Anrufe in der Firma haben überhaupt nichts genützt. Mir wird ausgerichtet, dass ich die Personalabteilung nicht mehr mit meinen Anrufen belästigen soll. Charles steckt vertraglich für zwei Jahre fest und kann nicht zurückkommen, und ich stehe alleine mit meinen drei Jungs da und weiß nicht mehr weiter. Zu allem Unglück ist meine Mutter schwer erkrankt und ich weiß nicht, wie lange ich sie noch habe. Also habe ich mich schweren Herzens entschlossen, aus den USA wieder nach Hause zurückzukehren. Schweren Herzens nicht, weil ich nicht gerne zurückkomme, sondern weil es heißt: Alles aufgeben, Bekannte, Familie, Freunde – Menschen eben, die mir im Laufe der Jahre wichtig geworden sind – zurücklassen und wieder neu anfangen. Gut, dass meine Familie und meine alten Freunde noch da sind und uns mit offenen Armen empfangen. Gut auch, dass es hier in Deutschland wieder Arbeit für mich gibt – anstrengend zwar mit drei Kindern, aber wichtig für die Krankenversicherung. Mein Vater unterstützt mich in der Betreuung der Kinder und es dauert nicht lange, da kann ich die beiden Großen im Kindergarten und Michael im Frühförderprogramm anmelden.

Ich stelle ihn dort der Kinderärztin vor. Sie untersucht ihn, wendet sich mir dann zu und sagt freundlich, aber auch sehr ernst: „Frau Standard, Ihr Kind ist behindert." Dabei schaut sie mich aufmerksam an und ist sehr verwundert, als ich nicke. „Sie akzeptieren das einfach so?"

Was soll ich denn sonst tun? Nach all dem, was wir hinter uns haben, nach der Diagnose durch den Neurologen in den USA und dem Intelligenztest durch den Professor der Uniklinik in Denver wäre es ein Wunder gewesen, wenn ich hier etwas anderes gehört hätte. Wahrscheinlich hätte ich ihr inzwischen nicht einmal geglaubt, wenn sie mir erzählt hätte, es wäre nicht so schlimm. Nach all der Zeit meiner Entwicklung zwischen Hoffen und Bangen, zwischen Negieren und Verzweifeln bin ich inzwischen so weit, den Tatsachen ins Auge zu schauen: Michael ist ganz offensichtlich anders als andere Kinder. Behindert eben! Oder beeinträchtigt! Entwicklungsverzögert! Oder ein Kind mit besonderen Fähigkeiten! Oder ein Kind mit besonderen Bedürfnissen! Auf Englisch: Handicapped! Retarded! A Child with special needs. Oder, oder, oder.

Behindert

Ich weinte, dass ich keine Schuhe hatte, bis ich einen sah, der keine Füße hatte.

HELEN ADAMS KELLER[3]

Egal wie man es nennt, es kommt auf dasselbe heraus. Michael ist behindert! Er entwickelt sich viel langsamer als er sollte. Er lernt wohl immer mehr dazu, aber in seinem eigenen Tempo, das nicht der Norm entspricht. Noch nicht einmal annähernd. Und wie ich dies alles nenne, ist doch völlig egal. Ob ich sage „entwicklungsverzögert", ob ich sage „Kind mit besonderen Bedürfnissen" oder ob ich noch einen anderen, vielleicht schöneren Ausdruck finde – für mich ist das alles Augenwischerei. Sicher, das Wort „behindert" ist sehr oft negativ behaftet. Aber doch nur, weil und wenn wir es zulassen. Es gibt Menschen, die es als Schimpfwort benutzen, aber ich muss da ja nicht mitmachen. Wenn dieses Wort wirklich so verrufen ist, dass man es nicht sagen darf, dann müsste man die ganzen Fachbegriffe oder Bezeichnungen wie „Behindertenausweis", „Behindertenrechtskonvention" oder „Grad der Behinderung" bei der Steuererklärung umbenennen. Denn was macht das mit den betroffenen Menschen, die dieses Wort als etwas Schlechtes kennenlernen, wenn es doch für offizielle Dokumente verwendet wird? Sicherlich, „Behinderung" impliziert ein Defizit, aber das

3 1880-1968, US-amerikanische Sozialreformerin und Schriftstellerin, blind und taub.

ist doch die Realität. Alle anderen Bezeichnungen sind lediglich Euphemismen, dazu gedacht, schöne Worte für etwas Unschönes zu finden. Und was ist schon schön an einer Behinderung?

So habe ich einmal nachgeschaut, welche Assoziationen es im Internet gibt, wenn man das Wort „Behinderung“ eingibt. Und habe echt gestaunt. Von Befangenheit ist hier die Rede, von Gehemmtheit, Hemmung, Entmutigung, Enttäuschung, Ernüchterung, abblocken, abhalten, abwehren – kein Wunder, dass sich niemand traut, das Wort „Behinderung“ auszusprechen. Spontan muss ich an den Roman „Harry Potter“ denken. An den, „dessen Name nicht genannt werden darf“, weil die Nennung dieses Namens offensichtlich Unheil hervorbringen könnte. Und alle zucken zusammen, wenn Harry Potter frank und frei „Voldemort“ sagt, weil er weiß, dass die alleinige Nennung dieses Namens keine Gefahr bedeutet. – Sondern nur die Angst davor, die lähmt …

Sicherlich ist dies ein Vergleich, der hinkt. Aber er beinhaltet auch eine gewisse Wahrheit: Solange ich es vermeide, eine Behinderung anzunehmen – egal, um welche es sich handelt –, weil ich enttäuscht vom Leben bin, keinen Mut habe, konstruktiv mit dem Schicksal umzugehen oder vor lauter Verzweiflung gar nicht mehr klar denken kann, wird mich die Angst vor dem Unvermeidbaren daran hindern, neue Lebensfreude zu entwickeln, neugierig in die Zukunft zu schauen auf das, was das Leben mir vielleicht sonst noch bietet, und dankbar zu sein für das, was das Leben mir an anderen Reichtümern schenkt. Solange ich die Behinderung meines Sohnes nicht annehmen kann, nehme ich *ihn* nicht wirklich an. Dann kann ich nicht das Wundervolle an ihm sehen und wertschätzen, das was ihn ausmacht, nämlich seine frohe, lebensbejahende Art und die Liebe, die er uns allen entgegenbringt, sondern ich reduziere ihn auf das, was er nicht kann. Und was vermittele ich ihm damit? Ich zeige ihm, dass er nicht gut ist so, wie er ist. Ich zeige ihm, dass er Defizite hat, die ich selbst nicht akzeptieren kann. Und wie soll er sich dann selbst akzeptieren können? Wie soll er sich selbst mögen? Wenn ich ihn und all das, was ihn ausmacht, nicht annehme und liebe, dann verhindere ich, dass aus ihm ein glücklicher Mensch wird.

Sicher, es ist rührend und wertschätzend, wenn Menschen versuchen, den Stich herauszunehmen, indem sie negative Begriffe vermeiden, aber letztendlich zeugt es nur von Hilflosigkeit, Unsicherheit und der Scham, den Finger auf eine vermeintliche Wunde zu legen. Ich persönlich sage und höre es lieber klar und deutlich, aber auch mit Würde und Respekt: Michael ist behindert! Dann weiß jeder, was los ist. Wenn ich sage: „Ich habe ein besonderes Kind", oder: „Ich habe ein Kind mit besonderen Fähigkeiten", dann übersetzt mein Gegenüber sowieso in Gedanken: „Aha, sie hat ein behindertes Kind." Und bedenkt mich vielleicht mit wissendem Nicken, mitleidsvollem Lächeln oder verlegenem Themenwechsel vor lauter Unsicherheit und Sorge, etwas Falsches zu sagen. Das macht es nur noch schlimmer, denn es beinhaltet eine Nicht-Akzeptanz einer Situation, die nicht zu ändern ist. Nein, ich stehe dazu: Mein Sohn ist behindert. Und noch was: Ich bin mächtig stolz auf ihn, denn er ist toll.

Das sage und zeige ich auch, wann immer sich die Möglichkeit ergibt, aber manchmal muss ich mir doch Sprüche anhören, die es in sich haben und sehr viel Verletzungspotential beinhalten. Im Laufe der Zeit habe ich mir schon einen relativ breiten Rücken angeschafft, aber wie jeder Mensch habe auch ich wunde Punkte, die sehr schmerzen, wenn sie getroffen werden. So sagte einmal eine hochstudierte Frau mit intaktem Familienleben, erfolgreichem Mann und recht begabten Kindern zu mir:

„Liebe Daniela, ich finde es toll, wie sehr du deinen Sohn förderst und wie selbstverständlich du zu ihm und zu seiner Krankheit stehen kannst. Aber es ist sicherlich leichter für Menschen wie dich als für Menschen wie uns, mit so etwas umzugehen!"

Das hat gesessen. Es gibt also tatsächlich Menschen wie mich, für die es nicht so schlimm ist! Wie schön, dass sie so gut weiß, wie leicht mir das alles fällt. Wie gut, dass Michael in meine Familie geboren worden ist und nicht in ihre!

Ich habe damals sehr überlegt, was mich denn so von dieser Frau unterscheidet – sicher, ich bin alleinerziehend und habe keinen erfolgreichen Mann. Ich kann auch nicht mit besonderen Errungenschaften dienen und bin sicherlich finanziell weit schlechtergestellt als diese andere Familie. Bis dahin hatte ich tatsächlich noch nie darüber nachgedacht, ob und welchen gesellschaftlichen Status ich habe, und bei näherem Nachdenken finde ich, dass ich das auch nicht muss. Denn auf eine Gesellschaft, in der ich nur mit gesunden Kindern ab einem gewissen Intelligenzquotienten etwas zähle, kann ich verzichten. Dennoch – warum hat mich diese Aussage denn so getroffen? Warum kann ich nicht einfach darüber stehen und sie als das abtun, was sie ist: Ignorant und unter meiner Würde? Immerhin habe ich etwas in meinem Leben geleistet: Ich habe wundervolle Kinder, ein gutes, arbeitsreiches Leben, Familie, Freundinnen und Freunde und viele Menschen, auf die ich mich verlassen kann!

Vielleicht liegt es daran, dass ich meinen Kindheits- und Jugendtraum von einer intakten – und traditionellen – Familie, so wie ich sie als Kind erlebt habe, endgültig begraben musste. Alles ist ganz anders gekommen, als ich es mir ausgemalt habe. So gerne wäre ich zu Hause geblieben und hätte meinen Kindern eine gute und sorgenfreie Kindheit ermöglicht mit einer Mutter, die viel Zeit für sie hat. Jetzt biete ich ihnen zwar ein relativ gutes und schönes Heim, habe aber nicht die Kapazität, mich mit ihnen so zu beschäftigen, wie sie es verdient haben. Zum einen muss ich arbeiten, zum anderen bin ich ständig mit Michael zu irgendwelchen Therapien unterwegs. Und zum Überfluss müssen die beiden Großen mich auch noch bei Michaels Betreuung unterstützen. Ja, alles ist anders gekommen als gedacht.

Denke ich dann weiter darüber nach, komme ich jedoch zu dem Schluss, dass unser Leben zwar ungleich schwieriger, aber nicht schlechter geworden ist. Wir leben viel intensiver, nehmen nichts im Leben mehr als selbstverständlich hin und unser Alltag ist, trotz aller Mühsal, geprägt von Liebe und Freude. Wie oft lachen wir herzhaft mit- und übereinander, wie oft passieren bei uns lustige Dinge, die bei sonst niemandem passieren. Wie viele schöne Erlebnisse teilen wir uns und wie dankbar sind wir am Ende eines Tages, wenn er so richtig gelungen ist.

Und wenn ich das *so* sehe: Es ist doch einfacher für Menschen, wie wir es sind, ein behindertes Kind großzuziehen. Denn wir zerbrechen nicht daran!

Hier bin ich richtig

Was Michael sagen möchte (Übersetzung)

Als ich geboren wurde, war ich krank. Ich kann nicht gut reden. Aber ich verstehe alles. Mir geht es gut.

Jeder sollte seine Chance bekommen.

RICHARD VON WEIZSÄCKER

Samstag, 27. Juni 2007, Stadtlauf Trier

Die Spannung steigt. Nur noch wenige Minuten bis zum Startschuss. Michael und seine Mitstreiter treten und hüpfen auf der Stelle, so wie es ihnen ihr Lehrer gezeigt hat. Nur nicht wieder kalt werden, denn kurz vor dem Lauf haben sie sich noch gut aufgewärmt, Streckübungen gemacht und die Muskeln gedehnt, genau wie die anderen Läuferinnen und Läufer auch. Darin unterscheiden sie sich nicht von den anderen. Immer wieder schauen sie zu dem Starter hin, damit sie nur ja ihren „Einsatz" nicht verpassen. Ja, denke ich, es war damals tatsächlich nicht sicher, wie Michael sich entwickeln würde. Und wie weit ist er gekommen, so stolz, wie er jetzt in der Reihe mit seinen Freunden steht. Mir fällt der Tag ein, an dem ich Michael im Lebenshilfekindergarten in Kürenz vorgestellt habe.

März 1997, Trier – Hier ist Michael richtig

Michael ist gerade drei Jahre alt geworden. Zeit für „normale" Kinder, den Kindergarten zu besuchen. Ob das bei behinderten Kindern ebenfalls so ist? Das möchte ich herausfinden. So habe ich vor einigen Tagen mit Michael eine integrative Einrichtung besucht, um sie mir anzusehen. Sie ist mir sehr empfohlen worden, denn hier werden behinderte und nicht behinderte

Kinder gemeinsam betreut, was ich als große Chance für meinen Sohn empfinde. Ich hoffe, dass er auf diese Weise lernt, nicht nur mit behinderten Kindern, sondern – abgesehen von seinen Brüdern und deren Freunden – auch mit gesunden Kindern in seinem Alter umzugehen. Als ich in einen Gruppenraum schaue, sehe ich Kinder und Erzieherinnen um einen Tisch sitzen und eifrig bunte Girlanden basteln. In einer Ecke des Raumes steht eine liebevoll gestaltete Osterlandschaft und Michael läuft sofort hin, um sie sich anzusehen und wohl auch, um darin herumzuspielen. – Richtig, er läuft! Der Neurologe hatte mit seiner Prognose nicht recht.

Natürlich laufe ich gleich hinterher und halte ihn fest, damit er nichts kaputtmacht und nicht mit den Fingern, sondern nur „mit den Augen" schaut. Die Erzieherinnen am Tisch schauen etwas unwillig auf und ich merke gleich: Die wollen meinen Michael gar nicht haben. Er ist ihnen zu anstrengend. Natürlich sagt das niemand, aber ich kann in ihren Mienen lesen, sehe, wie sie Blicke tauschen. Die Leiterin empfiehlt mir freundlich, mir einmal den Lebenshilfe-Kindergarten in Kürenz anzusehen, der wäre vielleicht geeigneter für meinen Sohn. Denn dort würden ausschließlich behinderte Kinder in sehr kleinen Gruppen betreut, und mit den vielen Erzieherinnen – für zwei bis drei Kinder jeweils eine Person – wäre seine Aufsicht sicherlich wesentlich besser gewährleistet. In ihrer Kita sei der Fokus doch eher auf körperbehinderten Kindern, die zum Teil in Rollstühlen sitzen und nicht so mobil sind. Ich nicke, heuchle Verständnis – und bin zutiefst gekränkt. Michael ist so ein wunderbares Kind; zugegeben, ziemlich aktiv und völlig ohne Angst – was nicht immer so einfach ist. Er rennt, stolpert und fällt durchs Leben, rappelt sich lachend wieder auf, manchmal auch weinend, wenn er sich wehgetan hat, und versucht sein Glück wieder und wieder und wieder. Langsam gehen scheint er nicht zu kennen, alles muss schnell sein – vielleicht muss er ja auch so schnell rennen, um wenigstens irgendein Ziel zu erreichen, bevor er wieder am Boden liegt. Ich weiß es nicht. Aber ich merke, dass nicht jede Erzieherin diese Herausforderung annehmen möchte – im Gegenteil sogar. Das tut weh!

„Aber gut, wenn das so ist, dann haben die meinen Michael eben nicht verdient." Das ist der einzige Gedanke, der mich wenigstens ein wenig über die Tatsache hinwegtröstet, dass wir, subtil zwar, aber doch deutlich, abgelehnt werden. Also mache ich mich auf den Weg nach Kürenz, wappne mich aber dieses Mal gegen tiefes Atmen und heimliches Austauschen von vielsagenden Blicken.

In Kürenz werden wir von der Leiterin empfangen. Freundlich und offen begrüßt sie uns, führt uns kurz durch die kleine Einrichtung, stellt uns vor und schickt dann Michael in die Gruppe spielen, damit wir in Ruhe miteinander sprechen können. Wir sehen ihm hinterher, wie er juchzend den langen Gang hinunterstolpert, hinfällt, wieder aufsteht, lachend weiterläuft und durch die Tür den langen Weg bäuchlings im Gruppenraum landet. Die Leiterin lächelt und wendet sich mir zu, während mir noch der Angstschweiß auf der Stirn steht. „Ist das okay, dass Michael so ganz alleine in der Gruppe ist?", frage ich zaghaft. „Nicht, dass er noch irgendwas kaputtmacht." Die Leiterin lacht. „Der ist doch nicht allein, da sind Erzieherinnen und Kinder. Das geht schon in Ordnung. Und apropos kaputtmachen – wir sind ein Kindergarten!"

Ich atme tief ein. Auf der einen Seite freue ich mich, dass sie das alles so unkompliziert sieht, auf der anderen Seite fällt es mir schwer, mein Kind aus den Augen zu lassen. Das bin ich nicht gewohnt und ich fühle mich schon ziemlich angespannt. Die Leiterin scheint das zu spüren: „Machen Sie sich keine Sorgen", sagt sie. „Michael wird schon seinen Spaß haben." Dann lenkt sie mich mit Fragen über uns ab. Wo wir herkommen, will sie wissen, und wie Michaels Werdegang ist.

Nach einer Stunde verabschieden wir uns und ich weiß: Michael hat einen Kindergartenplatz. Zwar erst ab Sommer, weil dann durch die Einschulung wieder Plätze frei werden, aber egal. Alle freuen sich auf Michael, und die Erzieherinnen der Gruppe, in der Michael sich aufgehalten hat, sind ganz begeistert von seinem Charme und seiner ansteckenden Fröhlichkeit. Ein warmes Gefühl breitet sich in mir aus: Wir sind angekommen. Wir sind willkommen. Hier sind wir richtig.

Bohrende Fragen

Ein besonderes Geschenk

Flüsternd standen die Engel vor der Tür zu Gottes Büro. Sie bemühten sich, ganz leise zu sein, denn heute hatte Gott besonders viel zu tun. Eben war der zuständige Baby-Engel mit einer langen Liste zu Gott geeilt: Die Kinder, die demnächst auf der Erde geboren werden sollten, mussten ihren Familien zugeordnet werden. Manchmal ging das recht flott, denn Gott hatte viel Erfahrung darin – so viele Kinder hatte er schon den Menschen geschenkt, dass er oft mit einem kurzen Blick gleich die richtigen Eltern finden konnte.

Aber heute war wieder ein Tag, an dem es länger dauerte. Das kannten die meisten der Engel. Nur ein kleiner neuer Engel, der dies zum ersten Mal erlebte, konnte sich keinen Reim darauf machen.

„Warum braucht er denn so lange?", wunderte er sich. „Letzten Monat ging es aber viel schneller. Wo ist nur das Problem?" –

„Problem würde ich es nicht nennen", antwortete ihm einer der älteren, erfahrenen Engel. „Aber manchmal muss Gott ganz besondere Eltern für ein Kind finden – das ist nicht immer so einfach."

„Besondere Eltern? Das verstehe ich nicht." Der Kleine schaute seinen großen Mitengel fragend an.

„Du weißt doch, dass alle Kinder ein Abbild Gottes sind. Aber manchmal gibt es Kinder, die Gott noch ähnlicher sind als die anderen. Das ist dann für die Eltern schon eine sehr große Herausforderung, und sie müssen ganz besondere Qualitäten haben, um diese meistern zu können.“ –

Verwirrt hörte der kleine Engel zu, und sein Gegenüber erklärte weiter:

„Zuerst werden diese Eltern erschrecken, denn sie werden gleich erkennen, dass sie ein Kind bekommen haben, das anders ist als andere. Das macht Angst, denn sie werden sich zunächst dieser Situation nicht gewachsen fühlen. Sie werden lernen müssen, sich auf dieses besondere Kind einzulassen. Nichts wird sein, wie es einmal war. Ihre Geduld wird auf eine harte Probe gestellt werden, denn mit diesem Kind werden sie das Geschenk der Langsamkeit erhalten. Nie wieder werden sie etwas als selbstverständlich hinnehmen, denn mit diesem Kind werden sie jeden neuen Schritt als etwas Besonderes erkennen. Nie wieder werden sie sich mit anderen Familien vergleichen können, denn ihre Situation wird einzigartig sein. Und nie wieder werden sie sich ungeliebt fühlen, denn das unverfälschte Glück und die Lebensfreude in den Augen ihrer Kinder wird ihnen etwas von der uneingeschränkten Liebe Gottes vermitteln.“

Der kleine Engel wurde sehr nachdenklich. Dann nickte er. Er hatte verstanden. Als sich dann endlich die Tür zu Gottes Büro öffnete, reckte er seinen Hals, um einen Blick auf Gott zu erhaschen. Genau in diesem Moment wandte sich dieser ihm zu. Das herzliche Lächeln in Gottes rundem, etwas kindlichen Gesicht und der liebevolle Blick aus den leicht schrägstehenden Augen erwärmten den kleinen Engel bis ins

Innerste und erweckten in ihm eine Ahnung von dem großen Geschenk, das die Menschen erhalten sollten.

Ich überlege mir: Gibt es so etwas wie Vorsehung? Bin ich ganz bewusst mit einem behinderten Kind beschenkt worden? Ergibt das Sinn? Oder interpretiere ich jetzt etwas in die Situation hinein?

Natürlich suche ich ständig nach dem Sinn. Das „Warum gerade wir?" steht immer im Raum. So sehe ich junge Eltern mit einem, zwei oder mehr Kindern, die alle gesund und munter sind. In meiner Nachbarschaft gibt es weit und breit keine behinderten Kinder – Michael ist das einzige. Da kommen schon einige Fragen auf: Warum ausgerechnet ich? Habe ich etwas falsch gemacht? Ist das die Strafe für meine Oberflächlichkeit? Bin ich zu egoistisch in meinem Leben? Soll ich womöglich etwas lernen, und das auf die harte Tour? Oder habe ich das Kind bekommen, damit ich eine sinnvolle Aufgabe bis zum Ende meines Lebens habe? – Denn eins ist klar: Ins Leben, in die Selbstständigkeit entlassen, ist bei Michael nicht möglich. Ich werde für den Rest meines Lebens die Verantwortung spüren, die mir seit der Geburt von Michael auferlegt ist. Auch wenn er irgendwann vielleicht die Möglichkeit hat, in ein Wohnheim oder in betreutes Wohnen zu ziehen und einen anderen Betreuer bekommt, so wird er doch immer mein Kind bleiben, das besonders schutzbedürftig ist.

Bevor Michael geboren wurde, habe ich mir bei meinen beiden „Großen" die Situation vorgestellt, dass sie eines Tages erwachsen sein werden und ihr eigenes Leben ohne die Mama leben werden. Und ich verspürte aus der damaligen Angst heraus den leisen Wunsch, ein Kind zu bekommen, das immer klein ist und mich immer braucht. Jetzt habe ich tatsächlich bekommen, was ich mir gewünscht habe, aber so hatte ich das nicht gemeint. Ich fand das Leben mit den kleinen Kindern einfach wunderbar und konnte sie mir gar nicht erwachsen vorstellen – und ich hatte ein wenig Angst davor, sie eines Tages loslassen zu müssen. Dabei ist das Leben mit heranwachsenden Kindern und Jugendlichen auch schön. Anders, aber eben schön. Und noch mal interessant. So hat jedes Lebensalter der Kinder etwas Besonderes, und rückblickend bin ich dankbar für all das, was ich bisher mit ihnen erleben durfte. Tatsächlich aber hatte ich mir damals nicht vorgestellt, jemals ein erwachsenes Kleinkind zu haben. Körperlich und in mancher Hinsicht sicherlich auch geistig erwachsen, aber doch so sehr schutzbedürftig!

Das ist etwas, dem sich alle Eltern stellen müssen, die ein krankes oder behindertes Kind haben. Es bleibt uns schließlich nichts anderes übrig.

Und wir suchen nach Antworten für unsere vielen Warum-Fragen, zu denen es wahrscheinlich ebenso viele Lösungen wie Fragende gibt. An meiner Lösung habe ich auch lange gearbeitet, jedoch verändert sie sich immer mal wieder, je nach Gemütszustand oder Phase in meinem Leben.

Ich weiß nicht, wohin mich Gott führt, aber ich weiß, dass er mich führt.

GORCH FOCK

Wie bei den meisten Menschen wurde meine Spiritualität durch mein Elternhaus geprägt, das mir einen gewissen Grund- und Kinderglauben mitgegeben hat. Im Kommunion- und Firmunterricht und auch in der katholischen Privatschule wurde dieser dann vertieft, sodass ich beinah meine ganze frohe Jugendzeit mit Gleichaltrigen aus der katholischen Jugend meiner Heimatpfarrei verbracht habe. Die vielen wertvollen Erlebnisse und Erfahrungen, die ich hier machen durfte, haben mich mein ganzes Leben begleitet und waren im Grunde die ideale Voraussetzung für einen gefestigten, reifen Glauben …

Nachdem ich jedoch aus meiner Jugendzeit herausgewachsen war, waren Glaube und Kirche zunächst nur noch hintergründig wichtig. Mein Hauptaugenmerk lag eher auf anderen Dingen, wie Abnabelung und Berufsfindung, Ausgehen und Spaß haben. Später stand dann Familiengründung auf dem Plan, und als junge Mutter war ich immer froh, wenn ich den Tag so schon gut zu Ende gebracht hatte. Da fand ich keine Zeit mehr für die Pflege meines Glaubenslebens.

Mit der Geburt von Michael und den ersten Jahren, in denen ich gelernt habe, mit seiner Behinderung umzugehen und zu leben, hat sich das geändert. Zunächst kam ich gar nicht auf die Idee, mit Gott zu hadern – vielleicht war auch später die oben erwähnte kleine Geschichte ein wenig hilfreich – ich weiß es nicht. Ich kann mich nur an Denkprozesse erinnern, die einfach mit dem Versuch zu tun hatten, eine Erklärung für unsere Situation zu finden. Als Michael noch ganz klein war, war ich so gefangen in meinem Alltag – Arbeit, Ärzte, Therapien, Kinder, Haushalt –, dass ich gar keine Zeit zum Nachdenken hatte. Ich habe nur funktioniert und irgendwann dann auch noch den Umzug nach Deutschland organisieren müssen. Dort bin ich zunächst wieder bei meinen Eltern eingezogen, sodass ich meine sterbende Mutter in ihren letzten Lebensmonaten begleiten und mich dann um meinen trauernden Vater kümmern konnte, der im Gegenzug meine Kinder betreut hat, als ich wieder eine Arbeit gefunden hatte.

Später, als ich hier in Deutschland wieder richtig Fuß gefasst hatte, hat sich dann mein Mann von uns verabschiedet. Zuerst räumlich, dann innerlich, dann auch äußerlich. Das war der Punkt, an dem ich ernsthaft ans Überlegen kam: Wieso gerade ich?

Ja, wieso eigentlich ich? Wieso muss das ausgerechnet mir passieren? Habe ich denn nicht genug auszuhalten? Erst bekomme ich ein behindertes Kind, meine Mutter stirbt viel zu früh – und ich hätte sie noch so gerne gehabt und ihren Rat gebraucht –, dann geht die Ehe in die Brüche, gar nicht zu sprechen von gesundheitlichen Problemen, die sich noch zusätzlich im Laufe der Zeit entwickelt haben. Reicht nicht eine dieser Sachen? Andere haben doch scheinbar viel weniger auszuhalten, oder?

Andererseits gibt es viele Menschen, die noch viel mehr ertragen müssen als ich – über manches liest man ja in der Zeitung: von Leuten, die sich mit exotischen Krankheiten angesteckt haben, die durch Unfälle traumatisiert wurden oder in Kriegsgebieten leben müssen mit all den schlimmen Folgen. Das berührt mich zwar alles, ist aber doch meistens sehr weit weg. Richtig unangenehm wird es erst, wenn mal etwas im näheren Umfeld oder einem selbst passiert. Und da macht das Schicksal eben keine Unterschiede.

Also anstatt zu fragen „Wieso ich?", könnte ich auch fragen „Wieso nicht ich? Was macht mich so besonders, dass ich nicht von einem Schicksalsschlag betroffen werden könnte?" So gesehen: Nichts! Das heißt für mich: Ich bin eben eine der Mütter, deren Kind aus welchen Gründen auch immer behindert ist – mit all den dazugehörenden Konsequenzen – und muss damit leben.

Als gläubige Christin bin ich davon überzeugt, dass Gott gar nichts damit zu tun hat, dass Michael behindert ist. Im Gegenteil! Ich bin beschenkt worden mit drei wunderbaren Söhnen. Wie die Ärzte inzwischen herausgefunden haben, habe ich leider dem jüngsten während der Schwangerschaft einen Virus übertragen, der zu einer Fehlentwicklung unter anderem des Sprachzentrums und schließlich auch zu der Hirnhautentzündung geführt hat, mit der Michael dann geboren wurde und die weitere Beeinträchtigungen nach sich gezogen hat. Diese Dinge passieren eben, und je nachdem, wie ich damit umgehe, kann ich das Gute oder das Schlechte darin sehen – so wie mit dem berühmten halbvollen Glas, über das ich jammern oder auch dankbar sein kann.

Wäre das nicht ein grausamer Gott, der entscheidet, wem er gesunde Kinder schenkt und wem nicht, so wie die eben erwähnte nette kleine Geschichte es impliziert? Der entscheidet, welches Kind „normal" sein darf und welches nicht? Ich kann nicht jedes Mal Gott dafür verantwortlich machen, wenn im Leben etwas schiefläuft. Im Gegenteil, ich glaube, dass Gott uns in Freiheit erschaffen hat. Das wäre ja eine schöne Freiheit, wenn er ständig an den Fäden ziehen würde.

Nein, ich weiß, dass der menschliche Körper, das menschliche Leben unvollkommen ist. Wären wir vollkommen, wären wir gottgleich, und das zu wünschen wäre schon sehr anmaßend, finde ich. Perfekt zu sein ist eben auch unmenschlich.

Unvollkommene Körper werden krank, manchmal geht auch bei Schwangerschaften und Geburten etwas schief – und mal ehrlich, dafür, dass so viel passieren kann, ist es doch ein Wunder, dass so viele gesunde Kinder geboren werden. Dennoch – ein Gegenüber zu haben, bei dem man sich ab und an beklagen kann, mit dem man schimpfen kann oder dem man die Schuld für alles geben kann, tut auch gut und hilft beim Verarbeiten.

Auch denke ich, dass wir Menschen mit Fähigkeiten ausgestattet sind, die es uns ermöglichen, mit Scheitern, mit Krankheit, mit Behinderungen und anderem fertig zu werden. Wenn wir das, was uns auferlegt ist, annehmen, es aktiv angehen und nicht in Selbstmitleid versinken, dann wecken wir die Kräfte in uns, die Gott uns gegeben hat. So glaube ich auch fest daran, dass er uns nicht alleine lässt. Dass er uns begleitet und unsere Last mit uns trägt.

Juni 1998 – Mit der Weisheit am Ende

Heute habe ich einen Termin bei der Kinderärztin der Frühförderung. Aber Michael hat überhaupt keine Lust, sich untersuchen zu lassen und nach einer Weile zeigt er, was er kann. Er hat einen heftigen Tobsuchtsanfall.

Ich hatte die Ärztin schon häufiger auf Michaels Tobsuchtsanfälle angesprochen, die er bekommt, wenn ich mit ihm schimpfe oder wenn ihm etwas nicht passt. Dann ist er schwer zu bändigen und oft habe ich blaugebissene Unterarme oder einen zerkratzten Hals oder bekomme einen Fußtritt ins Gesicht. Egal, wie ich ihn halte, er hat immer wieder eine neue Idee, wie er mir wehtun könnte – nicht aus Bosheit, er weiß es in dem Moment einfach nicht besser. Bisher haben all meine Beschreibungen bei der Kinderärztin nur verständnisloses Kopfschütteln bewirkt. Sie meinte, dass das doch nicht so schlimm sein könne und ich das als Mutter

schon hinkriegen würde. Es wäre ja normal, dass ein Kind mal seine Grenzen ausprobiert. Und die solle ich ihm ruhig zeigen – ihn erziehen eben.

Nun erlebt die Ärztin selbst einen solchen Tobsuchtsanfall und ist geschockt. So etwas hat sie nicht erwartet. Sie weiß selbst nicht, wie sie reagieren soll. Aber jetzt sieht sie ein, dass ich Hilfe brauche, und gibt mir für Michael eine Überweisung an einen Psychologen.

Juni 1998 – Wieder nichts

Der Psychologe macht noch einmal einen Intelligenztest. Der bringt jedoch nur das Ergebnis, dass Michael unter einer Behinderung leidet. Das weiß ich ja bereits. Ansonsten findet er ihn unauffällig, für die Tobsuchtsanfälle hat er keine Lösung für mich parat. Er macht verschiedene Vorschläge, doch diese habe ich alle schon ausprobiert.

Juli 1998 – Ein fester Griff

Kurz vor den Sommerferien mache ich mich noch mal zum zukünftigen Kindergarten von Michael auf, um Einzelheiten für seinen Start nach den Sommerferien zu klären. Dabei komme ich zufällig auf seine Tobsuchtsanfälle zu sprechen. Die Leiterin sagt: „Oh, das kennen wir, da kann ich Ihnen helfen. Es gibt einen ganz einfachen Griff. Wenn sie den richtig anwenden, kann er Ihnen nicht wehtun!"

Sie zeigt mir, wie ich Michael halten kann, wenn er wieder wütend wird: Seitlich auf mein rechtes Bein setzen, seine Unter- zwischen meine Oberschenkel klemmen, dann kann er nicht treten, seinen Körper halte ich liebevoll an mich gedrückt, seinen linken Arm klemme ich unter meinen rechten Arm, so dass er mich nicht zwicken kann, mit der rechten Hand halte ich seine rechte, dann kann er mich nicht kratzen. Meine linke Hand unterstützt seinen Kopf und hält ihn fest an meine Brust, so kann er mich nicht beißen. So bin ich geschützt und gleichzeitig tue ich ihm nicht weh und halte ich ihn fest im Arm.

„Oh“, sage ich verwundert. „Ärztin und Psychologe haben das nicht gewusst.“

Die Leiterin lacht. „Tja, das ist eben unsere Praxis! Damit leben wir ständig!“

Ich bin gespannt, ob ich hier endlich die Lösung für diese Tobsuchtsanfälle habe.

Sommerferien 1998 – Endlich!

In den nächsten Wochen merke ich: Der Griff wirkt! Michael hat noch genau drei Wutanfälle in dieser Form. Jedes Mal wende ich den neuen Griff an und dann ist es vorbei. Kein Geschrei mehr, keine Verletzung mehr und schließlich keine Tobsuchtsanfälle mehr – wenigstens nicht mehr in dieser harten Form. Der Griff, konsequent aber mit viel Liebe ausgeführt, nimmt sozusagen den Wind aus Michaels Segeln. Er erkennt offensichtlich, dass er so nichts ausrichten kann, und lässt es sein. Einfach so! Ich bin echt beeindruckt. Manchmal braucht es eben die Praktiker!

Kleine Krisen bleiben natürlich nicht aus, zicken können wir immer noch. Aber das Wichtigste ist geschafft.

Gleich geht's los

Zwei Dinge sollen Kinder von ihren Eltern bekommen: Wurzeln und Flügel.

JOHANN WOLFGANG VON GOETHE
ZUGESCHRIEBEN

Samstag, 27. Juni 2007, Stadtlauf Trier

Langsam wird es ruhig unter den Läufern. Jetzt geht es gleich los. Alle positionieren sich – Arme an die Seite gewinkelt, ein Fuß vor, während sich der Oberkörper leicht nach vorne neigt – und konzentrieren sich völlig auf den Starter. Das Gemurmel der Zuschauer klingt nur noch gedämpft zu uns herüber und wird fast schon ausgeblendet, verschwindet völlig im Hintergrund, bis der Starter dann seine Pistole hebt. „READY ... SET ...", und mit „GO" knallt der Startschuss. Wie ein kollektiver erleichterter Seufzer entlädt sich die Spannung, als alle Läufer sich wie einer in Bewegung setzen. Ich stehe etwas hinter Michael und will grade gemütlich anfangen zu laufen, da sehe ich, dass er wie von einer Tarantel getroffen losschießt und sich in einem Tempo nach vorne kämpft, das ich nicht erwartet habe. Erschreckt rufe ich „Michael, warte!", doch der dreht nur den Kopf, sagt verneinend: „Uhuh!" und „Böh, Mama!" (übersetzt: Tschüs, Mama), und ab ist er durch die Mitte. Verzweifelt versuche ich, ganz Mama und Betreuerin, das Tempo mitzugehen, völlig perplex, weil ich alles, nur das nicht, erwartet habe, und muss nach etwa hundert Metern erkennen, dass ich meinem Kind nicht folgen kann. Alle möglichen Szenarien gehen mir jetzt durch den Kopf: Schafft mein Michael es überhaupt, den richtigen Weg zu finden? Wieso kann der so schnell rennen? Das letzte Mal, als ich ihn habe laufen sehen, sah es so aus, als würde er jeden Moment hinfallen, und er erschien mir gar nicht so schnell.

Michaels Laufstil hat sich auch nicht wirklich verbessert – es sieht immer noch fürchterlich aus: halb stolpernd und sich wieder fangend, unregelmäßig und irgendwie schlurfend. Aber ich schaue ihm nach – und er fällt nicht. Im Gegenteil: Er legt noch einen Zahn zu. Das kann er doch im Leben nicht durchhalten! Dann verschwindet er hinter einer Kurve und ich quäle mich weiter voran, weil ich mich schon auf den ersten Metern so verausgabt habe. Wie dumm von mir zu denken, ich könnte da so mir nichts, dir nichts mitlaufen. Ich habe ihn gewaltig unterschätzt und tatsächlich den Lehrern nicht wirklich geglaubt, die immer wieder von seinen Laufkünsten geschrieben haben. Ein wenig muss ich über mich selbst schmunzeln – wie kann ich bei einem Wettkampf „Warte" rufen? Kein Wunder, dass er mich hat stehen lassen. Er will vorankommen und nicht auf eine lahme Mutter warten, die glaubt, so ein Wettlauf wäre eine gemütliche Joggingtour. Ich versuche, meine Ängste nicht hochkommen zu lassen, und hoffe, dass genug Streckenposten für den Weg da sind. Soweit ich erkennen kann, ist der Weg auch abgesteckt, und die vielen Leute, die mitlaufen, sind ja sicherlich auch Orientierung genug. Aber wohl ist mir nicht. Ich kann es nur nicht ändern, denn ich komme nicht mehr mit: Ich muss ihn loslassen und ihn seinen Weg gehen lassen, und das im wahrsten Sinne des Wortes. Er hat mich so richtig abgehängt!

Herbst 1998 – ich muss loslassen können – der erste Tag im Kindergarten

Die Sommerferien sind vorbei, Christopher und William sind wieder in der Schule und Michaels erster Tag im Kindergarten steht an. Dabei soll ich ihn aber nicht in den Kindergarten bringen, sondern ein Bus der Lebenshilfe holt ihn ab. Mir ist ganz schlecht. Nicht nur, dass Michael zum ersten Mal in den Kindergarten geht. Nein, ich muss ihn wildfremden Leuten im Bus anvertrauen und mich für den ganzen Tag von ihm verabschieden. Loslassen eben. Ich habe keine Kontrolle, was ihm in dieser Zeit widerfahren wird, und ich fürchte mich davor. Das darf ich aber natürlich Michael nicht zeigen, sondern muss ihm gutgelaunt die Vorzüge des Kindergartens anpreisen, ihn fröhlich in den Bus setzen und hoffen, dass er sich nicht weinend an mich klammert und es so für sich und auch für mich noch schlimmer macht. Gott sei Dank hat sich die Busfahrerin vorher bei mir gemeldet und sich vorgestellt. Sie wohnt sogar bei uns im Stadtteil und Michael hat gleich Vertrauen zu ihr gefasst.

Wir stehen also an der verabredeten Stelle an der Straße, Hand in Hand, und warten auf den Bus. Endlich sehen wir ihn kommen. Langsam hält er neben uns, die Tür geht auf, und die nette Busfahrerin und ihre Begleitung begrüßen uns fröhlich. Ebenso fröhlich steigt Michael in den Bus, ein wenig verwundert, weil ich nicht mitkomme, aber eben nur ein wenig. Wir verabschieden uns, winken, werfen Kusshändchen, und mit einem festen Rums schließt sich die Bustür – trennt Michael und mich, sodass ich ihn nicht mehr hören und nur noch durch die Scheibe ein wenig verzerrt sehen kann.

Ich winke dem abfahrenden Bus hinterher, steige in mein Auto und fahre selbst auf die Arbeit. Dort angekommen begrüße ich meine Kolleginnen, sage: „Michael hat heute seinen ersten Tag im Kindergarten“, verliere vollständig die Fassung, breche in Tränen aus und habe meine Gegenüber damit so geschockt, dass sie mich nur sprachlos anstarren können.

Natürlich hat alles im Kindergarten gut geklappt, wie ich am Ende dieses ersten Tages erfahre, und nach einiger Zeit habe auch ich mich daran gewöhnt, dass mein Kind ohne mich eine glückliche Zeit hat. Inzwischen genieße ich es sogar, dass unser Tagesablauf jetzt so geregelt ist und Michael nun viel mehr erlebt als vorher mit mir oder Opa zu Hause. Der hat sich zwar immer sehr liebevoll um ihn gekümmert, aber im Kindergarten ist eben mehr los. Hier gibt es viele Kinder, mit denen er spielen kann, und die erfahrenen Erzieherinnen haben Dinge im Programm, die man zu Hause einfach nicht so machen kann. Schön, dass Michael dort auch Physiotherapie und Ergotherapie bekommt – zwei Wege mehr, die ich nicht mehr machen muss. Außerdem geht er mit dem Kindergarten auch alle zwei Wochen zum therapeutischen Reiten. Das ist neu. Nur die Logopädie einmal die Woche muss ich noch außerhalb des Kindergartens wahrnehmen. Das ist aber nicht schlimm, denn im Laufe der Zeit hat Michael einen echten Bezug zu Edith, unserer Logopädin entwickelt. Auch für mich ist sie zu einer wertvollen Begleiterin und Beraterin geworden und es wäre uns schwergefallen, uns von ihr zu verabschieden.

Michael hat im Kindergarten eine feste Bezugsperson, Ann-Kathrin, die auch für seine Eingewöhnung zuständig ist. Ich finde das wunderbar, habe gar nicht gewusst, dass es so etwas gibt. Nun lerne ich: Wenn Kinder starke Einschränkungen haben, haben sie sogar Anspruch auf einen Integrationshelfer, eine persönliche Betreuerin oder einen persönlichen Betreuer, der zusätzlich zum normalen Kindergartenteam kommt. Die Stundenzahl ist abhängig von den besonderen Herausforderungen, die das Kind hat. So werden die Erzieherinnen nicht überfordert, wenn ein Kind beispielsweise eine Eins-zu-eins-Betreuung braucht.

Weil Michael so schlecht kommunizieren kann – seine Sprache entwickelt sich zwar stetig weiter, ist aber manchmal doch schlecht zu verstehen – hat die Ann-Kathrin die Idee, gemeinsam ein Tagebuch zu führen. Hier teilen wir uns jeweils aus Michaels Sicht seine Erlebnisse im Kindergarten beziehungsweise zu Hause mit. Das erfordert zwar Disziplin, ist aber höchst sinnvoll, vor allem, wenn es wichtige Dinge auszutauschen gibt.

Was Michael sagen möchte (Übersetzung)

Mit drei Jahren durfte ich in den Kindergarten. Das war toll.

Wir haben viel gespielt. Wir waren auch viel draußen auf dem Spielplatz. Ich hatte eine eigene Erzieherin: Ann-Kathrin. Wenn ich traurig war, hat sie mich getröstet. Wenn ich schlecht gelaunt war, hat sie mich wieder froh gemacht. Und wenn ich mich nicht gut benommen habe, hat sie mit mir geschimpft.

Auf dem Weg

Das Leben ist ein ewiger Abschied. Wer aber von seinen Erinnerungen genießen kann, lebt zweimal.

MARCUS VALERIUS MARTIAL

Samstag, 27. Juni 2007, Stadtlauf Trier

Keuchend schleppe ich mich weiter auf dem Weg. Ich könnte mich selbst verfluchen, dass ich viel zu schnell gestartet bin. Jetzt muss ich extrem langsam gehen, damit ich wieder genug Atem habe, um den Rest der Strecke zu schaffen. Wie konnte ich mich nur als Betreuerin anbieten? Ich hatte gedacht, dass ich fit bin – aber Denken scheint ja wirklich Glückssache zu sein. Natürlich muss ich den Großteil des Feldes an mir vorbei lassen, und ich bin froh, dass noch ein oder zwei Läufer hinter mir sind. Wie peinlich!

Doch plötzlich sehe ich einen Schüler aus Michaels Schule vor mir gehen. Ich bleibe bei ihm stehen und merke, dass er total blockt und sich weigert, auch noch einen Schritt mehr zu tun. Gott sei Dank! Meine Daseinsberechtigung!!! Ich rede mit Engelszungen, motiviere, lobe, und bringe ihn tatsächlich dazu, weiter mitzulaufen, und zwar in meinem Tempo. In der Zwischenzeit wurden wir von den restlichen Läufern auch noch überholt, aber jetzt habe ich ja ein Alibi.

Meine Gedanken wandern wieder zurück zu den Erinnerungsbüchern, die Michaels Erzieherin Ann-Kathrin für ihn begonnen hat. Inzwischen sind da schon einige Bände entstanden: drei Jahre im Kindergarten, und auch die Schule hat diesen Brauch weitergeführt. Ab und zu greife ich mir diese Bücher und frische meine Erinnerungen auf. Vieles habe ich vergessen, deshalb ist es so interessant, die täglichen Einträge zu lesen. Oft muss ich lachen, manchmal sogar staunen: Habe ich das wirklich gemacht? Hatten wir echt so viel Spaß miteinander?

Auszüge aus dem Tagebuch

27. November 1998 – zu Hause

Gestern war meine Mama ein Pferd und ich bin auf ihrem Rücken durch die ganze Wohnung „geritten". Dabei musste ich sehr lachen, besonders, wenn sie mich abwerfen wollte und gesprungen ist. Später haben wir Christopher und William in Karate gebracht und Mama und ich sind zu Fuß bis zum Hauptmarkt und zurück gewandert. Es war toll dunkel, und in der Stadt waren schöne leuchtende Sterne aufgehängt, die ich sehr bewundert habe. Dann sind wir zur Post und ein lieber Mann hat mir Sachen zum Malen geschenkt. Die habe ich im Rucksack, ich glaube, es ist genug für alle.

Abends war ich sehr müde und froh.

Michael

30. November 1998 – zu Hause

Mit einer Magen-Darm-Grippe fing mein Wochenende leider gar nicht gut an. Aber ich habe mich schnell erholt, und als ich am Sonntagmorgen den ganzen Schnee gesehen habe, war die schlimme Nacht vergessen. Der Schnee war ja sooo schön! Und immer mehr kam dazu. Wir sind dann ganz lange spazieren gegangen, bis ich durch und durch nass war. Und kalte Hände hatte ich auch. Und noch viel mehr Spaß. Am liebsten hätte ich jedem Kind den Schlitten abgenommen und wäre selbst gefahren.

Michael

30. November 1998 – im Kindergarten

Heute Morgen haben wir eine Kerze an unserem Adventskranz angezündet. Wir haben auch „Wir sagen euch an, den lieben Advent" gesungen.

Dann haben wir unsre Plätzchen geschmückt. Mit einem Pinsel habe ich Zucker darauf gepinselt. Dann habe ich Zuckerperlen darauf gestreut.

Zwischendurch habe ich meine Finger abgeleckt – das war lecker! Die Plätzchen nehme ich mit nach Hause. Christopher, William und Mama können dann mal probieren.

Michael

PS: Ann-Kathrin hätte fast vergessen, was in mein Buch zu schreiben – ich habe sie daran erinnert.

3. Dezember 1998 – im Kindergarten

Heute durfte ich im Singkreis die Kerze auf dem Adventskranz auspusten. Das war toll!

Der Nikolaus war heute Kevin. Er hat jedem Kind eine Nuss in den Schuh gesteckt.

Ann-Kathrin hat heute mit mir geschimpft – ich sollte mir meine Zähne putzen, bin aber in der Badewanne rumgeklettert.

Simon hat heute Mittag viele Nikoläuse gemalt. Ich habe mir dann seine Filzstifte genommen und auch einen gemalt. Ich finde, er ist sehr gut geworden.

Michael

4. Dezember 1998 – zu Hause

Gestern war ich mit Mama in der Stadt Bücher kaufen. Wir sind zu Fuß gegangen, und ich wollte nicht mehr gehen. Da habe ich einen tollen Aufstand gemacht, sodass alle Leute geguckt haben.

Im Buchladen habe ich mich wieder gut benommen, denn da war eine schöne Rutsche, die ich gern rutschen wollte. Das hat Spaß gemacht.

Heute Morgen habe ich Mama geholfen, Plastik in den gelben Sack zu tun.

Ich war ganz stolz.

Michael

21. Dezember 1998 – zu Hause

Ich habe ein schönes Wochenende gehabt. Am Freitagabend kam Opa, und ich durfte ganz lange aufbleiben. Am Samstagmorgen bin ich mit Mama einkaufen gegangen. Ich musste sooo staunen. Ganz viele Spielsachen hat sie gekauft – und keines war für mich. Sie waren noch nicht mal für Christopher und William, obwohl ich ganz genau wusste, dass sie sich die gewünscht haben. Aber Mama meinte, unsere Spielsachen bringt das Christkind. Ist ja okay, aber musste sie unbedingt ein „Telefon" für ein anderes Kind kaufen? Da wurde ich sehr böse und habe gebrüllt, bis wir im Supermarkt waren.

Michael

26. Januar 1999 – zu Hause

Williams Brille war kaputt, und wir sind in die Stadt gefahren, um sie flicken zu lassen. Ich musste schon zu Hause weinen, weil Mama gesagt hat, ich würde keine *Brille kriegen. Den ganzen Weg bis zum*

Brillenmacher habe ich gebrüllt, und noch ein Stück auf dem Heimweg.

Wir haben gestern auch Eier bekommen. Da bin ich dauernd gucken gegangen und habe sie in den Kühlschrank geräumt, obwohl Mama es verboten hat. Dann ist eins runtergefallen – das war eine Schweinerei, und Mama hat geschimpft. Ich fand es komisch, dass aus einem weißen Ei plötzlich gelbe Pampe tropft.

Abends habe ich nochmal mit William getobt, und da habe ich mich auf die gerade reparierte Brille gestellt – sie ging wieder kaputt. Oh weh! Da hat Mama so geschimpft, dass ich schnell ins Bett gegangen bin – alleine und ohne Kuss! Es war wohl nicht mein Tag.

Michael

Februar 1999 – Entdeckung

Je älter Michael wird, desto differenzierter werden seine Strategien, mit Ärger und Misserfolg umzugehen. Vor allem, wenn er seiner Meinung nach ungerecht behandelt wird, macht er seinem Ärger laut und deutlich Luft. Inzwischen ist er Gott sei Dank davon abgekommen, uns allen – und vor allem mir – körperlich wehtun zu wollen, aber er bemüht sich, sich auf andere Weise zu äußern und uns seine Missachtung kundzutun.

Seine Sprache entwickelt sich immer weiter, er lernt viele neue Worte, auch abstrakte, hinzu, aber leider klingen diese neuen Worte bei ihm sehr ähnlich, sodass man sie oft nur aus dem Kontext heraus erfassen kann. Manche Wörter aber kann er sehr gezielt und gut einsetzen, und der Sinn ist von allen Anwesenden dann sehr deutlich zu verstehen.

Mir ist es wichtig, mich ein wenig um mein Aussehen zu kümmern. Die grauen Haare werden gefärbt, ab und zu schminke ich mich dezent und eine gute Zahnpflege ist mir sehr wichtig. Ich finde, dass ich mich für mein Alter und meinen ganzen Stress ganz gut gehalten habe. Bisher dachte ich immer, dass Michael davon nichts mitbekommt beziehungsweise meine Bemühungen gar nicht nachvollziehen kann, bis wir uns eines Tages über sein nicht aufgeräumtes Zimmer streiten. Selbstverständlich weiß ich, dass Michael beim Sauberhalten seines Zimmers alleine überfordert ist, deshalb helfe ich ihm. Aber heute ärgere ich mich doch, denn so eine Schweinerei, wie ich sie an diesem Tag vorfinde, muss nicht sein. Alle kleinteiligen Spielsachen liegen auf dem Boden, Spielkarten und Memory-Karten sind zum Teil kaputt, dazwischen Bonbon-Verpackungen und Krümel. Ich bin echt sauer, aber Michael blockt. „Das kann doch nicht wahr sein! Du bist ein richtiges Ferkel! Schau dir doch mal die Sauerei hier an!“ So und ähnlich schimpfe ich vor mich hin, während Michael neben mir steht und mit puterrotem Gesicht in gleicher Lautstärke Unverständliches antwortet.

Wütend nehme ich die ganzen Kleinteile und werfe sie in die Mülltüte. Jetzt ist aber was los! Mit einem Aufschrei geht er auf mich los, reißt mir die Tüte aus der Hand und wirft mir seine ultimative und offensichtlich wohlüberlegte Beleidigung mit den entsprechenden Gesten lautstark und überdeutlich an den Kopf: „Mama alt! Hässlich! Graue Haare! Keine Zähne! Ana Mama (Übersetzung: andere Mama)!“ Danach setzt er sich mit verschränkten Armen und herausforderndem Blick auf sein Bett und harrt der Dinge, die da kommen. Verblüfft und sprachlos schaue ich ihn an, lasse ihn in seinem Zimmer sitzen, renne ins Bad und lache mich schlapp.

Es dauert eine ganze Weile, bis ich wieder halbwegs gefestigt zurück in sein Zimmer gehen kann. Immer wieder laufen mir die Lachtränen übers Gesicht – und Michael sieht sehr zufrieden mit sich aus.

Das Beste kommt zum Schluss.

SPRICHWORT

Heute, 27. Juni – Gedanken während des Laufes

Immer noch muss ich über diese Situation schmunzeln. Für Michael hat sich mit dieser – an sich ja harmlosen und rührenden – Beschimpfung eine neue Tür geöffnet, die er mit der Zeit immer mehr verfeinert hat. Irgendwann war nicht nur ich Ziel, sondern er hat sich auch getraut, andere Menschen an seinem Ärger teilhaben zu lassen. So erinnere ich mich an einen Tag in der Kirche, als ich mit meinen beiden Kolleginnen in einer Bank saß. Michael war über irgendetwas so sauer, dass er sich vor uns gestellt, einzeln mit dem Zeigefinger auf jeden von uns gezeigt und geschimpft hat: „Alt! Alt! Alt!" Dann hat er einen äußerst beeindruckenden Abgang hingelegt. – Meine beiden Kolleginnen erzählen heute noch davon.

Ich muss wirklich sagen, bei allem, was wir so erlebt haben, überwiegen Gott sei Dank die schönen Erinnerungen. Michael war – und ist – mein Sonnenschein. Manchmal wundert es mich wirklich, was er so alles gelernt hat, womit ich anfangs gar nicht gerechnet hatte. Dankbar denke ich zurück an seine schöne Kindergartenzeit und die Erzieherinnen, ohne die er sicherlich nicht solche Fortschritte gemacht hätte. Aber irgendwann ist auch die schöne Kindergartenzeit vorbei. Seine endete mit einer großen Überraschung am Abschlussfest.

Juni 2001

Heute ist Michaels letzter Kindergartentag. Kaum zu glauben, dass er bald schon ein Schulkind ist. Wie schnell sind doch die letzten Jahre vergangen. Gerade eben war er doch noch ganz klein ... Ich weiß noch, wie schwer mir der Abschied von Michael an seinem ersten Kindergartentag gefallen ist, und jetzt gehört alles der Vergangenheit an. Einerseits bin ich traurig, andererseits freue ich mich auf den neuen Lebensabschnitt. Die Erzieherinnen haben mich heute zu einem Abschiedsfest eingeladen und ich bin auf dem Weg zum Kindergarten. Die schönen Jahre ziehen an meinem geistigen Auge vorbei und ich merke, dass das Thema „Loslassen" doch noch nicht ausgestanden ist. Ständig muss ich loslassen lernen, so wie damals am ersten Tag im Kindergarten, aber auch während der ganzen Kindergartenzeit. Ich weiß noch, dass er am Ende seines ersten Jahres mit allen Kindern und Erzieherinnen eine Woche nach Holland gefahren ist. Was habe ich da für Ängste ausgestanden! Am Tag ging es ja noch, aber nachts! Die Vorstellung, dass er auch ohne mich gut zurechtkommen würde, ist mir ziemlich schwergefallen. Das bedeutete keineswegs, dass ich den Erzieherinnen nicht vertraut habe – sonst hätte ich ihn gar nicht mitgelassen. Vor allem Ann-Kathrin, seine Bezugsperson, hatte mein vollstes Vertrauen.

Schade eigentlich – ich hätte die Woche so genießen können. Weniger Stress am Morgen, intensive Beschäftigung mit Christopher und William, mehr Ruhe am Abend und vor allem durchgeschlafene Nächte. Aber jedes Mal wenn ich das Gefühl hatte, mich über Michaels Abwesenheit zu freuen, hatte ich ein schlechtes Gewissen. Als Mutter darf ich mich nicht darüber freuen, wenn eines der Kinder nicht da ist, so dachte ich – das ist ein absolutes No-Go! Man hat sich vor Sehnsucht zu verzehren und glücklich zu sein, wenn alle wieder froh und gesund zusammen sind.

Als endlich der Tag gekommen war, an dem Michael wieder nach Hause kommen würde, entdeckte ich, dass die anderen Mütter sich ähnlich gefühlt hatten. Viel zu früh waren wir alle am vereinbarten Treffpunkt, und als die Kinder dann auch noch einige Minuten Verspätung hatten, lagen die Nerven echt blank. Endlich konnten wir den Bus sehen. Tränenüberströmt empfingen Mütter ihre Kinder, die ihnen freudig entgegenstürzten, nur ich wartete und wartete. Philipp, Kevin, Relana, Adriana und wie sie alle hießen waren alle gemeinsam mit ihren Erzieherinnen ausgestiegen, aber irgendwann kam kein Kind mehr und meines war immer noch nicht da! Bis dahin ging es mir eigentlich noch ziemlich gut, aber jetzt wurde mir doch schlecht.

Als ich Ann-Kathrin sah, fragte ich besorgt, wo Michael sei.

„Ist er nicht da?“, antwortete sie und schaute sich um. Bevor ich in Ohnmacht fallen konnte, verschwand sie im Bus und kam nach einigen Augenblicken wieder. Sie grinste und sagte: „Er will nicht aussteigen. Er will noch mal wegfahren. Heute Morgen wollte er auch lieber wieder an den Strand als nach Hause.“

Toll! So viel zu meinen Gedanken an mein sicherlich an Heimweh leidendes armes Kind …

Als ich nun an seinem letzten Tag die Treppen zum Kindergarten emporsteige, denke ich, dass es so auf jeden Fall besser war als anders herum. Das muss für ihn ein wundervoller Urlaub, ein tolles Erlebnis gewesen sein.

Ich höre schon das Schreien und Lachen der Kinder und weiß, dass ich diesen Kindergarten vermissen werde. Vieles haben die Erzieherinnen Michael beigebracht, vieles haben sie mir gezeigt, und ich bin doch wesentlich entspannter geworden als zu Beginn. Ich habe gelernt, dass mein Sohn auch ohne mich zurechtkommen kann, solange Menschen da sind, die ihn so wertschätzen, wie er es verdient hat.

Mit diesen Gedanken biege ich um die Ecke. Ich höre Ann-Kathrin rufen: „Michael, die Mama kommt! Jetzt los!“, und wundere mich darüber. Dann bekomme ich den Schreck meines Lebens, als mein Kind, das so große Gleichgewichtsstörungen hat, dass es ständig hinfällt, mir mit rasantem Tempo auf dem Fahrrad entgegenkommt.

Kurz vor dem Zusammenprall bremst Michael mit den Füßen ab und es fährt mir durch den Kopf, dass in der letzten Zeit ungewöhnlich viele Schuhe ziemlich schnell kaputt gegangen sind. Eine leise Ahnung durchströmt mich, doch bevor ich etwas sagen kann, lacht Ann-Kathrin mich an: „Das Bremsen müssen wir noch üben – aber wir waren so stolz, der Mama heute zeigen zu können, dass Michael seit letzter Woche Fahrrad fahren kann!“

Wie stolz war ich da. Dankbar und stolz. Wie schön, dass Michael das gelernt hat. Damit hätte ich nie gerechnet. Ich stelle mir vor, wie oft die Erzieherinnen und Michael geübt haben müssen, und wie sie sich wohl auf heute gefreut haben. Was sind da schon einige Paar Schuhe. Aber das Bremsen sollten wir dennoch üben!

> *Ein neuer Weg ist immer ein Wagnis. Aber wenn wir den Mut haben loszugehen, dann ist jedes Stolpern und jeder Fehltritt ein Sieg über unsere Ängste, unsere Zweifel und Bedenken.*
>
> DEMOKRIT

Heute, 27. Juni – Gedanken während des Laufes

Damals wurde ich von den Fähigkeiten meines Sohnes überrascht. Nie wäre es mir in den Sinn gekommen, dass er einmal Fahrradfahren würde. Ähnlich ist heute mit diesem Lauf. Niemals hätte ich damit gerechnet, dass er mich derart abhängen könnte. Jetzt bin ich schon beinahe den halben Weg mehr schlecht als recht gelaufen, habe einen Jugendlichen aus Michaels Schule aufgesammelt und rechne ständig damit, einen völlig verausgabten Michael irgendwo stehen zu sehen. Aber nichts dergleichen. Streckenposten sammeln weggeworfene Plastikbecher ein, die die Läufer leergetrunken haben, oder feuern gemeinsam mit den wenigen Zuschauern, die sich für den Schluss des Feldes noch interessieren, die letzten Läufer an, doch Michael ist und bleibt weg. Er hat wirklich einen großen Entwicklungsschub gemacht. Im Kindergarten hat er ja schon viel gelernt, aber die Schule war wirklich Gold wert. Dabei war ich mir damals gar nicht so sicher, wo ich ihn einschulen sollte.

Winter 2000 – Was will ich für meinen Sohn?

Wieder einmal sitze ich im Kindergarten im Büro der Leiterin. Wir haben vor einigen Wochen die Einschulungsuntersuchung hinter uns gebracht und es ist Zeit, sich über die Schule Gedanken zu machen. Insgeheim hatte ich immer gehofft, Michael könnte einen normalen Unterricht besuchen, eventuell mit der Unterstützung eines Sonderpädagogen. Man hört ja immer mehr davon, dass integrative Klassen mehr und mehr gefördert werden. Und da ich ja möchte, dass mein Sohn sich später im Leben gut zurechtfindet, denke ich, dass eine integrative Klasse für ihn genau das Richtige wäre.

Die Leiterin des Kindergartens wiegt zweifelnd den Kopf. Eigentlich hatte ich gehofft, von ihr in dieser Sache unterstützt zu werden. Doch es sieht nicht so aus, als wäre sie von meiner Idee begeistert. Das ist schade, denn ich lege wirklich großen Wert auf ihre Meinung. Sie hat mir schon so viele wertvolle Tipps gegeben, die mir weitergeholfen haben, dass ich mir gar nicht vorstellen kann, etwas gegen ihre Einschätzung tun zu wollen.

Es dauert einige Zeit, bis sie sich äußert. Dabei ist sie so präzise und klar, dass sie meine Ansicht in Sekundenbruchteilen ändert: „In einer Förderschule ist Michael unter seinesgleichen. Es gibt Stärkere, die ihm helfen können, und Schwächere, denen er etwas zeigen kann. Wenn Sie Michael auf eine normale Schule schicken, wird er immer der Schlechteste von allen sein und das auch wissen, weil er der Einzige sein wird, der auf spezielle Hilfe angewiesen sein wird."

Immer der Schlechteste? Das einzige Kind mit besonderen Herausforderungen unter lauter Kindern, denen das Lernen viel leichter fällt? Das kann ich mir für Michael nicht vorstellen. Die Entscheidung für die Förderschule ist gefallen.

Die Schulzeit

Herbst 2001 – Der erste Schultag

Endlich ist es so weit, Michaels erster Schultag! Vor einigen Monaten haben wir uns dem Rektor der Förderschule vorgestellt und Michael hat sofort Vertrauen zu ihm gefasst. Der Rektor ist ein sehr netter älterer Herr, der seit etlichen Jahren die Schule leitet und der eine Ruhe und Gelassenheit gepaart mit einer stillen Freude und Liebe zu seinem Beruf und seinen Schülerinnen und Schülern ausstrahlt. So vorsichtig Michael sonst gegenüber Fremden ist, so schnell hat er gespürt, dass dieser Mann es gut mit ihm meint.

Normalerweise wird Michael, wie zum Kindergarten, mit dem Bus zur Schule gebracht, denn der Schulweg ist ja deutlich weiter als bei Erstklässlern, die in die nächstgelegene Grundschule gehen. An diesem besonderen Tag bin ich jedoch mit eingeladen – wie bei der Einschulung meiner anderen Kinder auch. Also fahren wir ausnahmsweise mit unserem Auto dorthin. Auf dem Weg vom Parkplatz zur Schule trägt Michael mit großem Stolz seinen neuen Schulranzen auf dem Rücken. Da ist nicht wirklich viel drin: Ein Malheft, Stifte, eine Brotdose und etwas zu trinken. Aber es ist ein Schulranzen, das Zeichen für ein Schulkind. Natürlich gibt es auch eine Schultüte. Michael hat sie im Kindergarten selbst gebastelt – sie sieht etwas rustikal aus, aber wir finden sie schön. Und gut gefüllt ist sie natürlich auch – mit Schulsachen und mit vielen Leckereien, wie es sich gehört.

Als wir am Gebäude ankommen, können wir durch die Glastür viele Mädchen und Jungen sehen, die sich im Foyer der Schule versammelt haben. Offensichtlich ist an diesem Morgen richtig was los. Michael und ich holen tief Luft, öffnen die Tür und treten ein. Innen erwartet uns das übliche Getöse, wie in einer normalen Schule. Kinder und Jugendliche unterschiedlicher Altersstufen rennen durcheinander, rufen, schreien und lachen und freuen sich, beisammen zu sein.

Staunend schauen wir in die Menge. Michael ist jetzt nicht mehr ganz so forsch, wie er sich an diesem Morgen noch gegeben hat, und schaut ein wenig ängstlich um sich. So viele Schüler hat er offensichtlich nicht erwartet. Wir recken unsere Hälse, um den netten Rektor zu finden, der momentan der einzige Mensch im ganzen Gebäude ist, den wir kennen und der uns sicher sagen kann, wo wir hinmüssen. Leider kann ich ihn nirgendwo entdecken und ich sehe komischerweise auch keine anderen Erstklässler und Eltern, die ähnlich unsicher dastehen wie wir. Ob wir falsch sind? Aber nein, beruhige ich mich selbst. Dann hätten wir sicher schon etwas gehört.

Plötzlich kommt ein Mann auf uns zu: Kahl rasierter Kopf, dicke schwarze Hornbrille und ganz in schwarzes Leder gekleidet. Er strahlt über das ganze Gesicht, ergreift meine Hand und begrüßt uns: „Guten Morgen, schön, dass Sie da sind. Ich werde Michaels Klassenlehrer sein!“ Der Mann nennt kurz seinen Namen. Michael schaut ihn an wie vom Donner gerührt, lässt seine Schultüte fallen und versteckt sich entsetzt hinter mir. Keine noch so guten Worte lassen ihn wieder hervorkommen.

Verlegen sage ich: „Ich glaube, das hier ist alles ein wenig viel für ihn!“

„Kein Problem, wir haben ja noch Zeit genug. Ich zeige Ihnen jetzt, wo Sie hinmüssen“, sagt der Klassenlehrer mit einem fröhlichen Lachen und geht voran.

Michael hält sich krampfhaft an mir fest. „Hause“, bittet er leise und mit zitternden Lippen. Mein Herz wird schwer. O weh, geht das schon wieder los! Wieder muss ich mein Kind bei fremden Menschen lassen, aber diesmal hat es selbst Angst. Und leider hat er einen Klassenlehrer, der für ihn zum Fürchten aussieht. Aber es hilft nichts, wir müssen da jetzt durch. In der Aula setzen wir uns auf die Plätze, die uns zugewiesen werden und warten mit bangem Herzen.

Endlich geht es los. Der Rektor begrüßt alle Anwesenden und verspricht ein tolles Programm, das die einzelnen Klassen als Begrüßung für die Neuzugänge eingeübt haben. Und er hatte nicht zu viel versprochen. Michael und ich genießen die Lieder, die Theaterstücke, die Kunststückchen, die die Schülerinnen und Schüler voll Elan und Freude vorführen, bis am Ende dann der spannende Moment naht, dem Michael erst so entgegengefiebert hat, den er jetzt aber doch ein wenig fürchtet: die Vorstellung und Einteilung der neuen Schüler. Anscheinend ist es hier üblich, dass die Neuzugänge einzeln begrüßt und in ihre Klassen geschickt werden.

Doch dann kommt die Überraschung: Es gibt genau einen Erstklässler, und das ist Michael. Dafür dieser ganze Aufwand! Da hat die Schule so ein tolles Begrüßungsprogramm auf die Beine gestellt, nur für uns beide? Ich bin sprachlos und sehr gerührt. Mit Sicherheit wäre das auf einer anderen Schule so nicht passiert. Welch ein Willkommen! Jetzt geht es mir schon wieder besser. Wenn sich alle so bemühen, dann kann das doch nur gut werden, denke ich.

Mit frohem Herzen begleite ich Michael in seine Klasse. Da pro Jahrgang nicht genügend Kinder da sind, um eine ganze Klasse zu füllen, sind immer drei Jahrgänge – man nennt sie hier „Stufe" – zusammengefasst. Michaels Klasse ist die U1, also die Unterstufe 1 (es gibt zwei oder drei Unterstufen). Neugierig begrüßen wir uns und stellen uns einander vor. Die Kinder merken sich schnell: Das sind Michael und seine Mama, aber ich muss noch ein bisschen üben, bis ich die acht Kinder im Alter von acht bis zehn Jahren mit Namen kenne. Anschließend drücke ich Michael noch einmal fest und verabschiede mich. Ein wenig ängstlich schaut er mir hinterher – so ganz traut er dem wild aussehenden Lehrer wohl immer noch nicht, aber es nutzt nichts, da muss er jetzt durch.

Ich verlasse die Schule in der Gewissheit, dass dieser Schritt genau die richtige Entscheidung für uns gewesen ist.

Heute, 27. Juni – Gedanken während des Laufes

In den darauf folgenden Jahren hat sich diese Gewissheit immer wieder bestätigt. Michael hat sich sehr gut in der Schule eingelebt und viele Dinge gelernt. Der Lehrer, vor dem Michael am ersten Schultag solche Angst hatte, hat sich im Laufe der nächsten Monate zu seinem Lieblingslehrer entwickelt. Egal in welcher Situation: Michael wollte zuerst unbedingt seinen Lehrer fragen – zu Hause wie auch in der Schule. Aber an seinem ersten Geburtstag in der Schule war er ziemlich böse auf ihn.

25. Februar 2002

Michael fährt ganz aufgeregt in die Schule. Heute ist sein Geburtstag, und schon seit Willis Geburtstag im November hat er die Tage gezählt. Immer wieder erzählt er von Klassenkameraden, die an ihrem Geburtstag in der Schule ganz besonders gefeiert wurden, und er freut sich riesig auf den Tag. Leider kann ich ihm heute keinen Kuchen mitgeben und sage Michael, dass er dafür am nächsten Tag einen mitbringen darf. Das ist für ihn in Ordnung – wichtig ist allein die Überraschung, die jedes Kind bekommt. Als ich ihn dann nachmittags vom Bus abhole, „brennt die Luft". Leider kann ich überhaupt nicht herausfinden, was los ist, und kann auch in der Schule niemanden mehr erreichen. Michael motzt, und das nicht zu knapp. Ich bin froh, dass der Opa und meine Schwester, Tante Judith, zu Besuch kommen und Michael dadurch abgelenkt ist. Als wir dann abends zusammensitzen, ist die Welt wieder in Ordnung. Er freut sich riesig über all die Geschenke, die die Gäste mitgebracht haben, und auch der Kuchen für morgen ist genau nach seinem Geschmack. Müde, aber glücklich geht er schlafen.

26. Februar 2002

Michael ist heute Morgen hochzufrieden mit seinem Kuchen losgezogen. Am Abend erfahre ich dann auch, warum Michael gestern so sauer war. Die Lehrer haben gestern tatsächlich seinen

Geburtstag vergessen, und alle Versuche von Michael, sie auf ihr Versäumnis aufmerksam zu machen, scheiterten an seiner Sprache. Niemand hat ihn verstanden, was ihn wohl an den Rand der Verzweiflung gebracht hat. Das hat er auch alle spüren lassen - zu recht, wie sie finden. Als sie heute seinen Kuchen gesehen haben, ist ihnen klar geworden, was gestern los war.

Und Michael hat seinen schönen Tag doch noch bekommen, mit allem, was dazugehört.

Ein Leben ohne Feste gleicht einer weiten Reise ohne Einkehr.

DEMOKRIT

Heute, 27. Juni – Gedanken während des Laufes

Auch sonst ist in der Schule immer sehr viel los. Man spürt, dass die Lehrerinnen und Lehrer mit ganzem Herzen bei ihrer Arbeit sind. Ständig lassen sie sich etwas einfallen. So wird zum Beispiel vor allem der Karneval ausgiebig gefeiert. Klassenweise üben die Schüler die unterschiedlichsten Dinge ein, auch die Lehrer bereiten etwas vor, und die ganze Veranstaltung steht immer unter einem besonderen Thema. Vor allem unsere erste Fastnachtsveranstaltung ist mir sehr deutlich im Gedächtnis geblieben.

Februar 2002

Heute war eine Fastnachtsveranstaltung in der Schule. Ich habe leider nicht mitbekommen, dass diese unter einem bestimmten Motto steht und Michael als Ninja im schwarzen Anzug mit schwarzgemalten Augenbrauen in die Schule geschickt. Er ist sehr stolz, weil dieser Ninja-Anzug im Laufe der Jahre von seinen

Brüdern getragen und immer „nach unten“ weitergereicht wurde, bis er nun schließlich auch Michael passt.

Nachmittags, bei der Feier in der Schule, bin ich wieder mal überwältigt von dem bunten Treiben in der Lobby. Die allerwildesten Gestalten laufen herum: Wölfe, Bäume, Waldtiere und -geister, und ich kann Michael überhaupt nicht finden. Irgendwann zerrt ein nettes kleines Mädchen an mir und will mich unbedingt irgendwohin führen. Aber ich möchte nicht mit, ich will meinen Sohn finden. Freundlich, aber bestimmt versuche ich mich aus dem Griff des Kindes zu befreien – keine Chance. Also bleibe ich einfach stehen und schaue mich suchend um, hoffe auf Hilfe. Ich will ja auch nicht unfreundlich sein. Schließlich schaut mich das Mädchen entnervt an und ruft: „MAMA!!!“

Es ist Michael! Die Lehrer haben ihn für eine Aufführung umgezogen und anstatt eines wilden Ninjas steht nun ein zartes Rotkäppchen vor mir, mit einem roten Kleidchen, rotem Käppchen und rotgemalten Wangen. Eine weiße Strumpfhose und schwarze Lackschuhe runden das Bild ab. Habe ich vielleicht gelacht – und seine Lehrer auch, als ich es ihnen erzählt habe.

Auszüge aus dem Tagebuch:

28. Januar 2005 – in der Schule

… Michael hat sich heute eine Perlenkette aufgefädelt und dazwischen kleine Federn festgebunden. Nächste Woche werden wir auch noch einen Kopfschmuck für uns basteln. Michael hat sich eine Kopie mit Indianern mitgenommen.

31. Januar 2005 – zu Hause

Michael kommt dieses Thema sehr entgegen, hat er sich doch zu Weihnachten Indianerfiguren gewünscht und bekommen.

Am Samstag war Michael mit Christopher zum ersten Mal auf meiner Arbeit in St. Bonifatius, um die Messe zu dienen. Er war sehr stolz. Anschließend sind wir nach Trier-Nord zur Kappensitzung gefahren. Die war sehr lustig, aber zum Schluss war Michael doch müde und etwas gelangweilt. Aber dann war die Polonäse doch wieder schön.

Michaels Zeugnis war prima und er hat dickes Lob bekommen. Jeder von uns musste es mindestens einmal laut vorlesen.

2. Februar 2005 – zu Hause

Michael hat am Montag einen Indianeranzug bekommen. Der hängt jetzt an der Garderobe und wird jeden Tag angeschaut.

Gestern hat Michael eine Kostprobe von dem leckeren Fastnachtsgebäck mitgebracht. Er brach es in Stücke und hat jedem von uns sehr feierlich die Stücke überreicht. Dabei hat er selbst verzichtet.

2. Februar 2005 – in der Schule

Die Fastnachtsfeier wird in diesem Jahr schulintern gefeiert. Es soll in erster Linie eine Feier für die Schüler und Lehrer sein. Der Unterricht endet wie gewohnt um 15.30 Uhr. Michael hat heute mit Joseph ein vorgezeichnetes Indianerzelt mit Kleister angestrichen und Papierschnipsel darauf geklebt. Später haben sich alle eine Feder ausgesucht (Michael wollte eine weiße Feder). Ich habe die Federn für die Schüler an rote Strumpfhosenbänder genäht. Michael hat jetzt eine selbst aufgefädelte Perlenkette, ein Armband und einen Federschmuck. Wir haben auch Theaterschminke hier. Es besteht also die Möglichkeit, ihn hier zu schminken.

3. Februar 2005 – zu Hause

Michael hat die ganze Nacht gefragt, ob schon „Donnerstag" ist, so hat er sich auf heute gefreut. Die richtige Indianerschminke haben wir heute Morgen nicht gefunden.

Viel Spaß.

3. Februar 2005 – in der Schule

Michael war sehr aufgeregt während der Party. Der Häuptling „Wa da wei" wurde den ganzen Morgen vermisst und überall hingen Suchmeldungen von ihm. Außerdem entsprangen der Zeitmaschine ganz viele, lustige Personen, Musiker und Tänzer. Nur der Häuptling war nicht dabei. Michael hatte die gute Idee, der Rektor könne der Häuptling sein. (War er aber leider nicht!) Hartnäckig versuchte er, ihn nach vorne, auf die Bühne zu schieben. Schließlich tauchte gegen 14 Uhr Häuptling „Wa da wei" (ein Lehrer aus der Mittelstufe) auf. Von nun an entspannte sich Michael mehr und wir trommelten dem Häuptling ein Willkommenslied.

Nicht nur Karneval, auch die anderen Feste im Kirchenjahr werden von der Schule gefeiert. Vor allem St. Martin ist ein Fest, das Michael bis heute sehr gern mag.

8. November 2004 – in der Schule

Die Klassen M1 und M2 haben heute Morgen die Geschichte vom armen Mann und St. Martin nachgespielt. Michael hat den armen Mann gespielt. Danach haben wir die mitgebrachten Geschenke für die Aktion „Weihnachten im Schuhkarton" angeschaut und überlegt, ob sie für den Jungen oder das Mädchen besser passen. Michael hat die Stifte in den Karton für das Mädchen gepackt.

Michael hat im Schreibunterricht den Buchstaben C mehrfach nachgeschrieben. Das hat gut geklappt.

Michael wird ab heute jeden Montag die Musik-, Tanz- und Theater-AG besuchen. Die AG wird von Herrn D., Frau B. und Frau T. angeboten.

12. November 2004 – zu Hause

Gestern waren wir auf dem Martinsumzug. Mama kam etwas spät von der Arbeit, deshalb musste Michael mit unserer Freundin Kerstin gehen. Das Windlicht sah sehr schön aus, ging aber leider aus. Michaels Freund André spielte den armen Mann. Michael bekam heißen Tee und drei Brezeln, die er alle gegessen hat. Er war froh, dass er Handschuhe dabei hatte, denn es war ganz schön kalt.

Michaels Bruder Willi hat heute Geburtstag. Er wird 14 Jahre alt. An Geburtstagen misst die Mama immer alle Kinder. Michael ist 1,44 m groß, das heißt, seit August ist er etwa zwei Zentimeter gewachsen.

17. November 2005 – zu Hause

Michael freut sich schon wieder auf die Schule – als Einziger... Er hofft, dass er in den Ferien noch mal gewachsen ist.

Gestern Abend waren wir in Kürenz auf dem St. Martinszug. Der St. Martin hatte ein riesengroßes Pferd, grau mit ganz großen Hufen. Christopher und Michael haben den Bettler bei der Mantelteilung gespielt.... Wir haben ganz laut miteinander gesungen.

Michael möchte unbedingt den St. Martinsmantel mit in die Schule nehmen. Das kann er gerne, ich brauche ihn nur nach St. Martin wieder zurück.

17. November 2005 – in der Schule

Michael kam heute ganz stolz mit seinem St.-Martin-Mantel und hat im Stuhlkreis vom Umzug erzählt.

Am Freitag möchten wir noch mal die Geschichte spielen und anhören, vielleicht kann er den Mantel dann noch mal mitbringen.

Zwei Engel – ein König

Man kann einen Menschen nichts lehren, man kann ihm nur helfen, es in sich selbst zu entdecken.

GALILEO GALILEI

Heute, 27. Juni – Gedanken während des Laufes

Inzwischen ist es schon eine liebgewordene Tradition geworden, dass Michael in der Pfarrei St. Bonifatius beim Martins-Umzug den armen Mann spielt. Ursprünglich ist er eigentlich nur eingesprungen, aber dann hat es ihm solchen Spaß gemacht, dass er es jetzt immer machen möchte. Auch alle Organisatoren finden seine Teilnahme toll – aus mehreren Gründen. Zum einen sind sie die Sorge los, jedes Jahr einen „armen Mann" zu suchen, da aus irgendeinem Grund niemand das machen möchte, zum anderen ist es ein schönes Zeichen für Integration und Inklusion. Michael liebt seine Rolle als „armer Mann", der den halben Mantel vom Heiligen Martin empfängt. Hier fühlt er sich gebraucht, genießt auch eine gewisse „Prominenz", und alle, Kinder wie Erwachsene, können sich an dem schönen Martinsspiel erfreuen, das sicherlich ohne Michael nicht so ergreifend wäre. Und am Ende des Zuges gibt's dann Brezeln bis zum „Platzen"!

Schon toll, was wir so gemeinsam erlebt haben – in der Schule wie in der Freizeit. Ganz aufgeregt war Michael, als es für ihn Zeit für die Erstkommunion war. Seine Brüder waren ja inzwischen beide Messdiener und selbstverständlich wollte Michael das auch werden.

April/Mai 2003

Ich stehe vor der Kirche und will Michael vom Üben der Messdiener abholen. Vor einigen Wochen haben wir seine Erstkommunion gefeiert und er freut sich schon sehr auf seinen neuen Dienst. Eigentlich kann ich mir gar nicht so recht vorstellen, dass er in der Lage ist, Messdiener zu werden – manche Abläufe sind doch recht kompliziert, und er muss sich während der Messe etwa eine Stunde lang konzentrieren. Wenn ich mir vorstelle, dass er einen wertvollen Kelch oder die Hostienschale die Altarstufen rauf- oder runtertragen soll und dabei eventuell noch stolpert oder vor lauter Aufregung in die Hostienschale sabbert, weil er seinen Speichelfluss nicht immer kontrollieren kann, wird mir ganz anders. Wahrscheinlich wird er einfach nur mitlaufen, beruhige ich mich, und die anderen werden ihm eben immer wieder zeigen, was er tun soll – wenn er überhaupt etwas machen soll. Aber dabei sein ist alles, und das ist für Michael das Wichtigste.

Lachend kommen die Kinder aus der Kirche, auch Michael kommt mit stolzgeschwellter Brust angelaufen. Er versucht, mir etwas zu sagen, aber ich komme nicht wirklich dahinter, was es ist. Bis der Pastor kommt und übersetzt: „Ich habe beim Üben was vergessen und der Michael hat's gemerkt."

Mein Gesicht ist ein einziges Fragezeichen. Der Pastor merkt mein Erstaunen und spricht weiter: „Michael kennt den Ablauf genau. Wir haben die Gabenbereitung geübt, dann wollte ich mit den Kindern den Auszug üben und er hat sich geweigert, weil wir den Altar noch nicht abgeräumt hatten. Das ist keinem sonst aufgefallen." Ich bin verblüfft. Mein Michael weiß, wie es geht? Michael strahlt und nickt bestätigend. Ganz genau zeigt er mir die Gestik, mit der er versucht hat, den Pastor auf seinen Fehler aufmerksam zu machen und wie lange es gedauert hat, bis der verstanden hat, was los war. Der Pastor lobt Michael noch einmal, dann gehen wir nach Hause. Michael mit stolzgeschwellter Brust, ich selbstverständlich auch!

Am Sonntag darauf kann ich mich von Michaels Fähigkeiten als Messdiener überzeugen. Zwar marschiert er beim Einzug statt nach links nach rechts, aber die Kinder hinter ihm schieben ihn unauffällig in die richtige Richtung, und danach läuft alles wie am Schnürchen. Ich sehe, wie vorsichtig er mit den liturgischen Gegenständen umgeht und wie fest er seinen Mund zusammenpresst, damit nur ja nichts auf das Messdienergewand tropft, und merke: Das tut ihm gut, hier fühlt er sich gebraucht und angenommen.

Während seiner Messdienerzeit hat er auch gelernt, dass sein voller Name Michael David Gabriel ist, und dass wir seinen Namenstag am 29. September feiern. Das ist natürlich auch das Patronatsfest unserer Kirche St. Michael. An diesem Tag wird ihm dann immer vor allen Leuten im Gottesdienst zum Namenstag gratuliert – und derart im Mittelpunkt zu stehen gefällt ihm sehr.

Seinen zweiten Namen David mag er auch sehr gern. Immer wieder muss ich die Geschichte aus dem Alten Testament von König David, der erst als kleiner Junge die Schafe gehütet, dann den Riesen Goliath besiegt hat und schlussendlich König geworden ist, vorlesen.

Sehr gerne verrät er Leuten, die danach fragen, seine Namen.

Was Michael sagen möchte (Übersetzung)

„Ich habe drei Namen: Michael, David und Gabriel. Michael wie der Bruder meiner Mama. Der ist tot.

Michael und Gabriel sind Engel. Deshalb habe ich am 29. September Namenstag. Genau wie die Kirche, in der ich Messdiener bin. Die heißt St. Michael.

David ist ein König. Als er Kind war, hat er auf Schafe aufgepasst und Musik gemacht. Er hat auch einen Riesen besiegt, Goliath, obwohl er viel kleiner war. Darum wollten die Leute ihn als König haben. Der alte König war böse darüber und wollte David umbringen. Das hat er aber nicht geschafft, und als er gestorben ist, ist David König geworden. Ich bin auch ein echter König David, denn ich will allen Leuten helfen."

> *Nichts verschafft mehr Glück, als zu versuchen, den verletzlichsten Menschen in der Gesellschaft zu helfen.*
>
> PRINZESSIN DIANA

Im Laufe der Zeit ist Michael in unserer Straße wie auch in der Pfarrei recht integriert. Viele Leute kennen ihn, zum einen aus der Kirche, wo er Sonntag für Sonntag mit Begeisterung die Messen dient, zum anderen vom Spazierengehen. Wir wohnen recht nahe am Weg, der rund um unseren Stadtteil herumführt, und in seiner Freizeit liebt Michael es, darauf und auf den angrenzenden Wiesen und im Wald herumzuwandern, den vorbeigehenden Spaziergängern zu winken und mit Nachbarskindern zu spielen. Als er verliebt war, stand er stundenlang gegen einen Baum gelehnt und schaute sehnsüchtig ins Tal in die Richtung, in der seine Angebetete wohnte. Dabei ist er immer freundlich und gut gelaunt und bei uns bekannt wie der sogenannte „bunte Hund". Das hat viele Vorteile. Meistens bewegt Michael sich nicht weit weg von zu Hause und bleibt in Rufweite. Wenn er aber doch weiter weg ist, gibt es immer irgendeinen Spaziergänger, der mir berichtet, wo er oder sie ihn zuletzt gesehen hat. Sehr praktisch und sehr nett und überaus hilfreich! Ist Michael aber wirklich einmal nicht zu finden, mache ich mir große Sorgen. Doch bisher ist zum Glück noch immer alles gut gegangen.

Inzwischen haben wir Michael ein Handy gekauft und üben fleißig, wie man es bedient, aber es fällt ihm noch sehr schwer, die richtigen Tasten in der richtigen Reihenfolge zu bedienen. Mit viel Geduld wird es sicher irgendwann einmal funktionieren, aber als er klein war, war an diese Hilfe gar nicht zu denken – abgesehen davon, dass Handys damals bei Kindern noch gar nicht so üblich waren.

Ostern 2002

Als ich heute von der Ostervesper nach Hause gehe, beeile ich mich, weil mein Vater uns heute Abend besuchen möchte. Meine Jungs haben keine Lust gehabt mitzugehen, sodass ich alleine in der Kirche war. Mit seinen großen Brüdern kann ich den achtjährigen Michael gut alleine lassen.

Ich bin schon auf dem Weg zum Haus hinunter, da höre ich meinen Vater rufen: „Wo warst du denn? Der Michael ist weg!"

Nach der ersten Schrecksekunde fasse ich mich und antworte ihm: „Nein, das kann nicht sein! Ich war ja nur eine Stunde weg, und er ist nicht allein. Die Jungs sind doch da! Außerdem hat er sich doch so auf dich gefreut. Da geht er nicht weg!"

Doch mein Vater lässt sich nicht beruhigen. Er hat mit Christopher und William schon im ganzen Haus gesucht und auch ums Haus herum gerufen – kein Michael weit und breit. Ich frage ihn, ob er schon in seinem Zimmer geschaut hat und im Bett – dort wartet er immer sehr gerne, doch der Opa winkt ab. „Alles durchsucht!", sagt er.

Mir wird jetzt doch unwohl und ich laufe rufend zum Rundweg. Immerhin ist es schon dunkel und nicht besonders warm. Aber auch ich sehe und höre nichts. Jetzt werden einige Nachbarn aufmerksam, und ich erzähle, was los ist. Plötzlich geht alles ganz schnell: Die einen Nachbarn springen ins Auto, um die Straßen abzufahren, eine andere schwingt sich auf ihr Fahrrad, um den Rundweg abzufahren und hält dabei alle möglichen Leute an, die hier unterwegs sind. In Nullkommanichts ist der halbe Stadtteil auf Achse, um Michael zu suchen. Bevor ich die Polizei rufe, mache ich doch noch einen Rundgang durchs Haus. Mir kommt das Ganze sehr merkwürdig vor. Ich kann mir nicht vorstellen, dass Michael so einfach wegläuft, wenn er weiß, dass der Opa gleich kommt.

Außerdem sind seine Schuhe noch da und ohne würde er nicht fortgehen. Ich gehe also in sein Zimmer und sehe – niemanden! Das Zimmer scheint leer, aber die Bettdecke ist außergewöhnlich dick gewölbt. Rasch schlage ich die Bettdecke zurück. Tatsächlich! Ein zusammengerolltes Knäuel entwirrt sich langsam und ein glückliches Gesicht mit roten Schlafbäckchen schaut mich an. „Opa da?", fragt Michael, während er sich die Augen reibt. Erleichtert drücke ich ihn an mich. Gott sei Dank! Er ist da! Natürlich schimpfe ich nicht, denn Michael hat nichts falsch gemacht. Er hat sich lediglich verstecken und Opa mit „Buh" erschrecken wollen, wenn der ihn in seinem Zimmer sucht. Aber weil Opa nicht ordentlich im Zimmer geschaut und ihn deshalb nicht gesehen hat, ist er vor lauter geduldigem Warten eingeschlafen und hat die ganze Aufregung nicht mitbekommen.

Tja, dem Opa bleibt jetzt nichts anderes übrig, als die Nachbarn über den Fehlalarm und die glückliche Auflösung zu informieren und sich bei ihnen für ihre tolle Hilfe zu bedanken. Weil aber die hilfsbereiten Nachbarn noch mehr hilfsbereite Leute informiert haben, fahren alle wieder mit Autos und Fahrrädern los, um die Großsuche abzubrechen. Doch keiner ist uns böse, sie sind alle ein wenig amüsiert und gleichzeitig froh über den glimpflichen Ausgang. Nur mein Vater, der schämt sich ein bisschen, weil ich ihn ja noch extra gefragt habe, ob er in Michaels Bett geschaut hat.

Der Sekt hinterher hat uns dafür besonders gut geschmeckt. Immerhin hätte es schlimm enden können, wenn Michael wirklich weggelaufen wäre. Im Nachhinein können wir alle drüber lachen und den Opa aufziehen.

Später am Abend, als ich wieder alleine bin, denke ich noch einmal über die ganze Situation nach. Über unsere hilfsbereiten Nachbarn und die vielen Menschen, die sich heute am Ostersonntagabend aufgemacht haben, um meinen kleinen Michael zu suchen. Offensichtlich hat er sich viele Freunde gemacht mit seiner frohen und unkomplizierten Art. Darüber bin ich sehr dankbar.

Bitte nicht um eine leichte Bürde – bitte um einen starken Rücken.

THEODORE ROOSEVELT

Dezember 2003

Wieder ist es Zeit, Michael die Haare zu schneiden. Das mache ich immer selbst, auch bei meinen beiden großen Jungs. Zum einen fehlen Zeit und leider auch das Geld für den Friseur, zum anderen geht das mit der Haarschneidemaschine wirklich gut, und es sieht immer ordentlich aus – vorausgesetzt man denkt daran, den richtigen Aufsatz an der Maschine anzubringen.

An diesem Tag bin ich irgendwie abgelenkt, und als ich Michael endlich richtig vor mir sitzen habe, beginne ich gleich mit dem Schneiden. Mit Schrecken sehe ich die breite Schneise, die ich ihm in den Hinterkopf rasiert habe, und mir entfleucht ein entsetzter Atemzug. Sofort horcht Michael auf, greift zielsicher an seinen Kopf und beginnt zu schimpfen. Ein bisschen amüsiert versuche ich ihn zu beruhigen und erzähle ihm, dass man das kaum sehen wird, wenn ich den Rest der Haare auch noch geschnitten habe. Er glaubt mir nicht und lässt sich nur schwer beruhigen. Es bleibt mir aber dennoch nichts anderes übrig als den Rest seiner Haare auch richtig kurz zu schneiden – trotzdem ist die kahle Stelle sehr gut zu erkennen, und ich verspreche Michael ein Geschenk als Wiedergutmachung.

Was ich zu diesem Zeitpunkt noch nicht weiß: Am nächsten Tag fällt er so schlimm genau mit dieser Stelle auf die Kante unseres Heizkörpers im Bad, dass er eine lange Platzwunde davonträgt. Im Krankenhaus wundert sich der Arzt, dass er fürs Nähen nicht mehr rasieren muss …

Heute, 27. Juni – Gedanken während des Laufes

Ja, Michael hat schon einige Narben davongetragen. Jetzt ist es ja nicht mehr so schlimm, aber als er noch jünger war, waren Besuche beim Arzt an der Tagesordnung. Es gab sogar eine Zeit, in der man mich in der Kindernotaufnahme mit Namen kannte … So hat er eine Vernarbung der Ohrmuschel, weil er so unglücklich gegen ein Tischbein gefallen ist, dass der Knorpel gebrochen war. Heute muss ich schmunzeln – es ist ein typisches Boxerohr, nur dass seine Verletzung nicht von einem Boxhandschuh stammt. Damals habe ich jedoch nicht gelacht. Es hat Michael furchtbar wehgetan und das Ohr war sehr blau. Das sind Zeiten, in denen ich mir wünschte, ihm etwas abnehmen zu können. Es gibt nichts Schlimmeres für Mütter – wenigstens gilt das für mich – als wenn meine Kinder leiden müssen. Und leiden musste Michael schon so oft.

Leider hat er noch nicht verstanden, dass es Krankheiten gibt, die schneller geheilt werden können, wenn man sie gleich am Anfang behandelt und nicht versucht, sie zu vertuschen, weil man nicht zum Arzt möchte.

Sommer 2004

Nach einer Ferienfreizeit in Texel, in der das Wetter uns nicht ganz so hold war und wir oft relativ unterkühlt vom Strand nach Hause kamen, fahren wir mit den Messdienerinnen und Messdienern für eine Woche in die Köhlerhütten nach Irrel. Wir haben sehr viel Spaß, aber manchmal sehe ich, wie Michael sich seine rechte Seite reibt. Auf meine Frage reagiert er sehr abweisend und leider mache ich mir nicht so viele Gedanken darüber, bis er am letzten Abend mit über 39 Grad Fieber daliegt und vor Schmerzen schreit. Ich fahre mit ihm ins Krankenhaus, wo man zunächst eine Blinddarmentzündung vermutet. Doch das ist es nicht und er bekommt nur ein Mittel gegen Fieber.

Als wir dann am Wochenende zu Hause sind, geht es ihm so schlecht, dass ich ihn wieder ins Krankenhaus bringe. Die Ärzte diagnostizieren eine Nieren- und Nierenbeckenentzündung. Er ist so krank, dass sie ihn gleich dabehalten. Aufgrund seiner Behinderung muss ich bei ihm bleiben. Mir ist ganz elend und ich frage mich, was ich nun mit Christopher und William machen soll. Ich rufe alle möglichen Leute, meinen Vater, andere Verwandte, Freunde und Freundinnen an, doch es sind Sommerferien, sie sind alle im Urlaub. Also muss ich meine Sachen packen, und Christopher und William zum ersten Mal in ihrem Leben alleine zu Hause lassen. Mir ist überhaupt nicht wohl dabei, aber ich weiß nicht weiter.

Die nächsten Tage schlafe ich nachts mehr oder weniger gut auf einer Matratze vor Michaels Bett. Morgens fahre ich heim, um nach meinen anderen Söhnen zu schauen und Wäsche etc. auszutauschen, Essen für die Jungs vorzubereiten und sie mit allem Wichtigen zu versorgen. Dann geht es zurück ins Krankenhaus, wo ich mich um Michael kümmere, der inzwischen über 41 Grad Fieber hat. Ich habe große Angst um ihn. Egal, wo ich gerade bin, mache ich mir Sorgen, und körperlich geht es mir auch nicht gut, weil ich den ganzen Tag auf einem Stuhl neben Michaels Bett sitze und mich mehr und mehr verkrampfe. Essen und Trinken muss ich mir selbst besorgen, weil nur Michael das Krankenhausessen bekommt, aber das ist das Wenigste. Neun lange Tage ist er im Krankenhaus – ich habe wirklich viel Zeit zum Nachdenken.

Haben wir nicht schon Probleme genug?

Was ist, wenn Michael nicht wieder ganz gesund wird?

Mit Argusaugen beobachte ich den Schlauch der Infusion und gerate mit meinem medizinischen Halbwissen in Panik, wenn sich größere Luftblasen auf Michaels Arm zubewegen. Dann rufe ich jedes Mal die Krankenschwester, die die Luft ablässt, aber ich spüre, dass sie irgendwann doch von mir genervt ist.

Irgendwann ist die Krise vorbei und ich kann ein wenig aufatmen. Anstrengend bleibt es trotzdem, denn jetzt wird Michael wieder wacher, langweilt sich und muss beschäftigt werden.

Ich bin froh, dass dieser Krankenhausaufenthalt noch in meinen Urlaub gefallen ist, denn Anfang des nächsten Monats soll ich meine neue Arbeitsstelle antreten. Da wäre es mir sehr unangenehm gewesen, wenn ich mir gleich hätte freinehmen müssen.

Michael behält von dieser Erkrankung keinen Schaden zurück, dafür bin ich Gott sehr dankbar.

Herbst 2004

Fertig mit der Welt bin ich jedes Mal, wenn der medizinische Dienst kommt, um ein Gutachten über Michael zu erstellen. Michael hat seit ein paar Jahren eine Pflegestufe, und in regelmäßigen Abständen schickt die Pflegeversicherung einen Arzt vorbei, der Michael begutachtet. Dabei stehen vor allem die pflegerischen Aspekte im Vordergrund. Minuten müssen gezählt werden: Wie lange brauche ich, um Michael beim Waschen, Anziehen, Essen, Toilettengang usw. zu unterstützen? Auf jede Kleinigkeit wird geachtet. Ich glaube, ich darf Michael genau sechs Minuten baden – zumindest darf ich nur sechs Minuten „abrechnen". Ich frage mich: Welche Mutter auf der Welt badet ihr „normales" Kind in sechs Minuten? Und machen andere Kinder auch bei jedem Baden ein Häufchen in die Wanne? – Das zu beseitigen mit all den Folgen hat übrigens nichts mit Pflege zu tun, es sind hauswirtschaftliche Leistungen. Wie lange brauche ich eigentlich zum Kämmen? Und ist das tägliche Eincremen Pflege oder Behandlung?

Außerdem ist Michael nicht nur ein Kind, das jede Menge Unterstützung bei den täglichen Aufgaben braucht, sondern er ist auch extrem anstrengend. Wie gesagt, er stürzt ständig, kennt keine Gefahren, muss über die Maßen beaufsichtigt werden, was sehr zeitaufwändig ist, aber das alles hat natürlich mit der Pflege nichts zu tun und wird daher nicht berücksichtigt. Um jede Minute wird hier gefeilscht. Dabei geht es immer um die Frage: Was ist Pflege und was ist Betreuung? Was gilt als Behandlung und zählt gar nicht, und was ist wirkliche, echte Pflege? Wie viel Zeit brauche ich, um sein Essen mundgerecht zuzubereiten? Und muss das überhaupt sein? Kann Michael wirklich nicht selbstständig essen? Kann er wirklich kein Fleisch schneiden?

Anhand eines leckeren Joghurts soll Michael der zweifelnden Ärztin zeigen, wie er isst. Klappt es gut, werden mir die Minuten beim Essen gestrichen, klappt es nicht, zählen sie. – Ich bin gespannt, denn ich kann den Vorführeffekt nicht wirklich einschätzen. Ich hoffe, dass er nicht ausgerechnet heute den Joghurt ohne Probleme isst, wo er doch sonst jede Menge Chaos verursacht. Nun nehme ich also Michaels Lieblingsjoghurt, einen Löffel und setze ihn mir auf den Schoß, nachdem er nachdrücklich klargemacht hat, dass er nicht alleine sitzen kann. Er hat so lange rumgezickt, bis die Ärztin abgewinkt und mir freie Hand gelassen hat.

Mit spitzen Fingern greift Michael den Löffel am äußersten Ende, taucht ihn in den Joghurt, will, dass ich ihm helfe, wird freundlich, aber bestimmt von der Ärztin motiviert, es selbst zu versuchen, kippt den Joghurt um, lässt den Löffel fallen und verkleckst so nicht nur meine Hose, sondern spritzt auch den ganzen Boden und unsere Schuhe voll. Nachdem ich alles aufgewischt und der Ärztin einen Lappen für ihre Schuhe gegeben habe, verabschiedet sie sich. Sechs Wochen später bekomme ich den Bescheid: Die Pflegestufe ist weiterhin bewilligt.

> *Nicht wie tief du fällst, zählt – sondern wie hoch du zurückfederst.*
>
> BRIAN TRACY

Heute, 27. Juni – Gedanken während des Laufes

Oft wird Michael unterschätzt. Ich selbst bin lebendiges Beispiel dafür und auch heute habe ich eine Lektion gelernt. Bestimmt ist er schon auf halbem Weg zum Ziel, während ich mich noch auf dem ersten Drittel entlangschleppe. Nicht nur körperlich, sondern auch geistig ist er fitter, als man meint. Das haben mir die Lehrer in der Schule schon erzählt, und auch ich erlebe es immer wieder. Man kann ihm auch nicht mehr so leicht etwas vormachen wie früher, und manchmal merkt er Dinge schneller, als mir lieb ist, selbst, wenn er nur Nuancen einer Stimmung wahrnehmen kann.

Jetzt könnte man ja meinen, dass mit Michael beinah alles in Ordnung ist. Und tatsächlich habe ich oft den Eindruck, dass er so viel mehr mitbekommt, als man ihm zutraut, und wenn die Sprache nicht wäre, wäre alles gut. Und dann gibt es wieder die Momente, da könnte ich verzweifeln. Nichts scheint in seinen Kopf zu gehen, ich erkläre und erkläre, und es kommt einfach nicht an.

20. September 2005 – in der Schule

Heute ging es im Schreiben unter anderem um das M. Besonders beim Wort „Salami“ habe ich Michael geärgert, weil ihm nie das Wort zur Bildkarte einfiel. Dann haben wir beschlossen, er darf nur Salami essen, wenn ihm das Wort einfällt.

Später am PC hat er super Wörter den Bildern zugeordnet.

September 2005

Also mit dem Lesen und Schreiben ist das bei Michael so eine Sache. Inzwischen ist er motorisch so weit gekommen, dass er einen Stift halten und das ABC nicht nur abschreiben, sondern auf Aufforderung alle Buchstaben auswendig schreiben kann. Zunächst bin ich auch sehr stolz auf ihn und ich diktiere ihm diese beim Üben zu Hause. Das macht ihm großen Spaß und er ist sehr stolz, wenn er es fehlerfrei hinbekommt. Er schreibt zwar nur Großbuchstaben, aber das ist ja egal – irgendwie muss er ja mal anfangen. Meine Hoffnung besteht darin, dass sich Michael vielleicht eine völlig neue Welt erschließt, wenn er erst einmal lesen lernt. Dann erkennt er, so hoffe ich, dass er ein Wort auch anders aussprechen kann. So weiß er zum Beispiel, dass sein Bruder Willi heißt, sagt aber „Hiehie“. Diktiere ich ihm W I L L I, schreibt er es auch genau so hin. Prima, denke ich, das ist ja schon ein Anfang. Ich bitte ihn jetzt, diese Buchstaben zu lesen, und er liest völlig korrekt: „W I L L I." Jetzt bin ich sehr beeindruckt und glaube, einen Schritt weitergehen zu können. Ich muss ihm nur noch vermitteln, dass man diese Buchstaben zum Lesen auch aneinanderhängen kann. Ich übe also „W I – Wi.". Nur diese beiden Buchstaben, immer und immer wieder. Und Michael liest: „W I, W I."

Gerne auch schneller hintereinander, aber eben nie „Wi". Völlig zwecklos, ihm noch mal den Rest zu erklären. Aber ich versuche geduldig zu sein und übe weiter. Übe auch den vollständigen Namen. Und Michael übt genauso geduldig mit, verliert aber nach einer gewissen Zeit doch mehr und mehr seine Aufmerksamkeit. Und ich meine Nerven. Nach dem gefühlten hundertfünfzigsten W I L L I frage ich ihn so nebenbei, was diese Buchstaben denn bedeuten. „Wei i net", antwortet er mir freundlich mit entsprechender Gestik.

„Wie heißt denn dein Bruder?"

„Hiehie!"

„Ja, dann schau doch mal, was hier steht: W I L L I – Willi!!!"

„Ahhhhh!!!"

Ich bin tatsächlich am Rande des Nervenzusammenbruchs, aber nach diesem offensichtlichen Lichtchen, das Michael hier aufgegangen zu sein scheint, schöpfe ich neue Hoffnung. „Okay, jetzt versuchen wir das Lesen nochmal." „W I L L I."

„Sehr gut, und was heißt das?"

Gespannt sehe ich ihn an. Michael möchte mich nicht enttäuschen, schaut konzentriert auf das Wort und antwortet schließlich mit einem strahlenden Lächeln: „WA-A!" (Wasser)

Ich kann nicht mehr, für heute lassen wir es sein.

War ich nicht …

Wer ein WARUM zum Leben hat, erträgt fast jedes WIE.

FRIEDRICH NIETZSCHE

Heute, 27. Juni – Gedanken während des Laufes

In der Regel ist es für Michael kein Problem, anders als andere zu sein. Es ist ihm sogar durchaus bewusst und er spricht es oft konkret aus beziehungsweise zeigt es: „I-krank, net re-en." (Ich war krank, ich kann nicht reden.) Manchmal, wenn im Fernsehen etwas über Behinderung oder behinderte Menschen gezeigt wird, setzt er sich stolz hin und sagt: „I au(ch)!" Dann bestätigen wir es, sagen und zeigen ihm aber auch, dass er dafür andere Sachen gut kann oder zum Beispiel keine Brille benötigt, so wie seine Brüder, die sogar ziemlich dicke Gläser brauchen. Meistens gibt er sich damit zufrieden, aber einmal hat er Christopher, William und mich ziemlich erschreckt:

Frühjahr 2006

Ich schaue mir mit meinen Jungs eine Fernsehsendung an, die von ständigen Werbepausen unterbrochen wird, weil Hauptsendezeit ist. Während dieser Pausen passen wir nicht sonderlich auf, schwätzen miteinander oder laufen im Haus herum, bis eine Vorschau über einen Film, der von pränataler Diagnostik handelt, gezeigt wird. Eine Frau entscheidet sich für ihr Kind, obwohl sie schon während der Schwangerschaft erfährt, dass es einen Gendefekt hat und behindert sein wird. Ihre ganze Familie versucht, die Frau zum Abtreiben zu bewegen.

Plötzlich schreit Michael laut los und weint bittere Tränen. Ständig wiederholt er „I-au, i-au, hässlich, hässlich, Kopf hässlich!", und wir alle sind zunächst stumm vor Entsetzen. So haben wir ihn noch nie erlebt, und es tut weh, ihn so zu sehen. Bevor ich reagieren kann, reden Christopher und Willi gleichzeitig auf Michael ein: „Nein, du bist nicht hässlich, du bist doch ganz normal. Du hast nur ein bisschen Probleme mit dem Reden, aber das ist doch nicht so schlimm. Das da ist nur ein Film."

Doch Michael lässt sich nicht beruhigen. Zu schlimm ist das, was er eben sehen und hören musste, und ich wünsche, ich hätte ein bisschen besser aufgepasst. Vielleicht hätte ich vor dem Spot noch umschalten können, vielleicht hätte ich ihn davor bewahren können, ihn zu sehen, vielleicht, vielleicht, vielleicht. Aber vielleicht auch nicht. Ich nehme Michael in den Arm und versichere ihm mit Tränen in den Augen: „Wir wollten dich immer haben, egal, ob du krank warst oder nicht. Du bist genau richtig. Ich hätte dich nie getötet!" So langsam beruhigt er sich.

Er hat ganz genau verstanden, worum es in diesem Film ging, obwohl er doch nur die Vorschau gesehen hat. Und ist intelligent genug, um diese Situation auf sich zu übertragen. Es hat ihn völlig aus der Bahn geworfen zu hören, dass Kinder aufgrund von Behinderungen abgetrieben werden. Wie entsetzlich! Wie entsetzlich so ohne Vorwarnung damit konfrontiert zu werden, dass behindertes Leben so unerwünscht sein kann, dass manche Menschen es vernichten. Menschen, die glauben, ein Anrecht auf unversehrtes Leben zu haben. Die sich nicht der Verantwortung stellen wollen, die sich überfordert fühlen mit der Pflege eines behinderten Menschen. Und die glauben, behindertes Leben sei nicht lebenswert. Wie arrogant! Was wissen wir schon als „Normale" über die Qualität eines Lebens, das wir nicht verstehen? Wie können wir einem entstehenden Leben noch nicht einmal die Chance geben, sich zu entwickeln?

„Nein“, versichere ich Michael. „Du bist gewollt, du bist genau richtig!“ Und das stimmt auch.

Ich kann mir ein Leben ohne Michael gar nicht mehr vorstellen. Und ich weiß genau, dass ich diejenige, die ich heute bin, nicht ohne ihn geworden wäre. Sicher, mein Leben hat sich durch seine Geburt verändert. Ich hatte und habe immer noch viele Sorgen und Mühen, und es ist alles anders gekommen, als ich es mir jemals vorgestellt habe. Aber das ist es wert. Ich habe mich verändert, bin gereift und habe gelernt, nicht mehr alles im Leben selbstverständlich zu nehmen. Was bei den beiden Großen so wunderbar und reibungslos geklappt hat, ist ein Geschenk. Und es ist ein ebenso großes Geschenk, das zu entdecken. Jeder noch so kleine Schritt, jedes gesprochene Wort ist keine Selbstverständlichkeit, sondern eine Gabe des Lebens an uns.

Ich wiege Michael in meinen Armen, Christopher und William kommen dazu. Wir halten uns gegenseitig, Michael in unserer Mitte, und wir zeigen ihm, dass wir ihn lieb haben. Und ich spüre die Kraft, die wir uns gegenseitig geben, weil wir zusammenhalten. Diesen Zusammenhalt merke ich in vielen Situationen, und es tut mir gut, mich in dieser Hinsicht immer auf meine Jungs verlassen zu können. Wie Kinder so sind, haben sie ein feines Empfinden für prekäre Situationen, wie sie immer wieder auftreten können. So zum Beispiel, wenn Michael von seinem Tag oder was immer ihn beschäftigt erzählen möchte. Das ist dann sehr spannend: Um sicherzugehen, dass ich ihn verstehe, besteht Michael darauf, dass ich das wiederhole, was er mir erzählt – und zwar richtig und ordentlich. An solchen Tagen gibt es dann drei Möglichkeiten:

Erstens: Ich verstehe ihn glücklicherweise gleich, wiederhole, was er gesagt hat, Michael ist damit einverstanden und alles ist gut.

Zweitens: Ich verstehe ihn nicht richtig und wiederhole etwas Falsches. Dann schüttelt Michael den Kopf und ich muss weiterraten. Er versucht, mir durch Gestik oder durch das Beschreiben von anderen Dingen, die inhaltlich mit dem, was er mir sagen will, zusammenhängen, beim Verstehen zu helfen. Er ist dann sehr geduldig und versucht immer wieder neue Wege, sich mir verständlich zu machen, nutzt manchmal sogar Hilfsmittel. Wenn ich es immer noch nicht verstehe, kommen Christopher und Willi dazu, und gemeinsam überlegen wir, bis wir alles erraten haben. Anschließend sind wir sehr erleichtert und Michael ist zufrieden.

Drittens: Ich verstehe ihn gar nicht und alle Bemühungen von Michael, sich mir verständlich zu machen, scheitern. Selbst die herbeigerufenen Brüder können es nicht erraten, Michael wird frustriert und ich verzweifelt. Besänftigen kann ich ihn dann meistens mit dem Versprechen, nur eine Pause zu machen und mir alles noch mal zu überlegen. Dann nickt er, ist aber ziemlich geknickt und erschöpft von den vielen Erklärungsversuchen und legt sich ins Bett. Da kann er sich am besten erholen und den Frust vergessen. Im besten Fall ergibt sich später tatsächlich die Lösung, manchmal sogar Tage später, wenn ein ähnlicher Fall entsteht, der Zusammenhang mit einem bestimmten Thema aber klarer ist. Das gibt dann ein großes Aha-Erlebnis und Erleichterung auf beiden Seiten. Aber manchmal müssen wir auch damit leben, dass wir es gar nicht herausfinden. Das ist dann immer eine sehr unglückliche Situation für alle.

> *Der Ziellose erleidet sein Schicksal – der Zielbewusste gestaltet es.*
>
> IMMANUEL KANT

Heute, 27. Juni – Gedanken während des Laufes

Normalerweise sind Michaels Brüder für ihn die Vorbilder schlechthin. Er liebt sie wirklich sehr und bewundert alles, was sie tun. Am liebsten würde er ständig hinter ihnen herlaufen und auch bei ihnen sein, wenn sie mal Besuch von Freunden haben. Das kann auf die Dauer ganz schön lästig sein, und obwohl sie immer sehr gutmütig sind – und ihre Freunde auch – sind die Jungs auch mal froh, Zeit ohne Michael zu verbringen. Ich fördere das auch. Jemand hat mir einmal gesagt, dass ich aufpassen müsse, dass sie ihn am Ende nicht hassen. Das hat mich ziemlich entsetzt, und ich wollte wissen, wieso er das denkt. Er erzählte, dass er jemanden mit einem behinderten Bruder kennt, der ständig zurückstecken musste. Nun kann er nur mit negativen Gefühlen an seine Kindheit zurückdenken und möchte am liebsten gar nichts mit seinem Bruder zu tun haben.

Das hat mich nachdenklich gemacht und ich überlege seitdem ständig, ob meine Jungs zurückstecken müssen. Immerhin bin ich alleine mit ihnen, sodass sie Michael manchmal betreuen müssen, wenn ich einmal etwas vorhabe oder länger arbeiten muss. Einmal habe ich aufgrund dieser Sorgen Christopher gefragt, wie er das empfindet. Er hat erst gar nicht verstanden, was ich meine. Dann erklärte er, dass er Michael sehr gerne hat. Obwohl der ihn manchmal nervt, ist alles okay. Außerdem findet er es cool, dass er als Begleitperson mit Michael gratis ins Kino gehen kann. Das sei doch ein Riesenvorteil. – Na, dann!

Ich bin froh, dass er das so sieht, und auch Willi hat abgewinkt – wenn auch sehr wortkarg – als ich ihn nach seinem Empfinden gefragt habe. Er meinte nur, dass er es ja nicht anders kennen würde und sich nicht an eine Zeit ohne Michael erinnern könne.

Da ich meine beiden Großen immer in unsere Gespräche mit einbezogen und versucht habe, unsere Probleme offen, aber kindgerecht mit ihnen zu besprechen, gab es auch niemals ein großes Aufklärungsgespräch, indem sie ausführlich über Michaels Behinderung informiert wurden. Sie sind quasi damit aufgewachsen und waren immer auf dem neuesten Stand von Michaels Entwicklung.

Ich erinnere mich an mehrere Situationen, in denen die Großen auch ihren Vorteil daraus gezogen haben, einen kleinen Bruder zu haben. Dem kann man nämlich so einiges in die Schuhe schieben.

Sommer 1996

Bevor Michael in den Kindergarten kommt, besuchen Christopher, William, Michael und ich meine Kusine Karin in Cuxhaven. Ihr Mann Helmut beschäftigt sich zwar gerne mit meinen Kindern, aber einmal wird es ihm doch zu bunt. Christopher will nämlich im Moment alles ganz genau wissen und fragt ständig: „Warum?"

Irgendwann kontert Helmut: „Christopher, warum, warum, warum ist die Banane krumm?"

Nach einer kurzen Pause antwortet Christopher rasch: „War ich nicht, war Michael!"

Sommer 2001

Als ich von der Arbeit nach Hause komme, finde ich die Jungs und eine Nachbarfamilie in heller Aufregung vor. Es gab wohl eine Prügelei, in die meine Söhne William und Michael und ein anderer Junge verwickelt waren. Eine Nachbarin wollte helfen und hat bei den Eltern des Jungen vorgesprochen und sich beschwert. Aber jetzt sei alles geklärt, und ich müsse mich nicht mehr darum kümmern, erzählt sie mir. Bevor ich Willi weiter danach fragen kann, klingelt es an der Tür. Tatsächlich steht die besagte Familie vor der Tür: Vater, Mutter und Sohn. Sie wollen gemeinsam klären, was da vorgefallen ist, aber leider kann ich nicht viel dazu sagen, da ich ja gerade erst selbst nach Hause gekommen bin. Jedenfalls stellt sich heraus, dass mein Willi den anderen mit der Faust einfach ins Gesicht geschlagen hat. Selbstverständlich rufe ich Willi herbei, um ihn dazu anzuhören. Die Eltern des anderen Jungen reagieren verblüfft. „Der?", fragt der Vater und schaut seinen Sohn an, der mindestens zwei Jahre älter und einen Kopf größer ist. „Der hat dich geschlagen?"

„Jawohl", erwidert dieser mit einem Nicken und zeigt seine gerötete Wange. Ich schaue Willi an, der daraufhin seine Hand reibt. „Ich habe mir auch die Hand an seiner Backe verstaucht", erklärt er dazu. Dann schaut er die Familie herausfordernd an: „Er hat den Michael ausgelacht, deshalb habe ich ihn gehauen."

Fragend schauen die Eltern ihren Sohn an, der verlegen den Vorwurf bestätigt. Dann greift der Vater in die Tasche, zieht ein Zwei-Euro-Stück heraus und drückt es Willi in die Hand. „Für die Schmerzen!“, sagt er. Zu seinem Sohn sagt er: „Wir sprechen uns zu Hause!“ Dann schüttelt er mir die Hand und verabschiedet sich schnell.

Nachdem ich die Tür geschlossen habe, versuche ich Willi zu erklären, dass man Konflikte nicht auf diese Art und Weise lösen sollte, verarzte seine Hand und muss ihn dann doch kräftig drücken, denn in Wirklichkeit bin ich ziemlich stolz auf ihn. Zu der anderen Familie haben wir übrigens ein recht gutes Verhältnis entwickelt.

Auf der Zielgeraden

2007 – Gedanken

Neben Laufen, Spielen mit Opa, Mama oder seinen Brüdern liebt Michael auch die Formel 1. Vor allem Michael Schumacher im Ferrari hat es ihm angetan. So informiert sich Michael vor jedem Rennwochenende genau, wann freies Training, Qualifying und das Rennen selbst stattfinden, und dann darf nichts dazwischen kommen, sonst „brennt die Luft". Das Ganze ist natürlich eingebettet in ein Ritual, das für Michael zum „Rennwochenende" dazugehört.

Rituale sind für Michael lebenswichtig. Sie bestimmen seinen Tagesablauf, an ihnen hält er sich fest. Angefangen vom Begrüßen am Morgen vor dem Aufstehen über das Frühstück. Danach braucht Michael immer eine kleine Ruhepause, bevor er sich schließlich duscht und in die Schule fährt. Wenn am Morgen diese Routine unterbrochen wird, kann es passieren, dass der ganze Tag gelaufen ist. Dann kann kommen, was will, Michael stellt sich quer, und es braucht eine sehr einfühlsame Hand, die ihn sanft korrigiert und ihm wieder genug Sicherheit gibt, damit er den Tag ohne größere Probleme durchstehen kann. Mit Druck ist da gar nichts zu machen, das habe ich schon ausprobiert und bin kläglich gescheitert.

Unser Rennwochenende-Ritual beginnt mit einem frühzeitigen Mittagessen, damit wir das Programm auch in Ruhe schauen können und nicht durch Geschirrgeklapper oder Ähnliches gestört werden. Dann setzen wir uns gemütlich aufs Sofa, im Winter am liebsten eingewickelt in eine Kuscheldecke. Getränke sollten auch parat stehen, je nach Wetterlage heiß oder kalt, und was zum Knabbern. Wenn ich keine Zeit habe, auf dem Sofa das Rennen zu schauen, darf ich auch bügeln, das ist immer noch gemütlich genug für Michael – für mich leider nicht so. In den Werbepausen ist dann Zeit für Toilette, Proviant-Nachschub oder was sonst noch so anfällt.

Für Michael ist es ein gelungenes Rennwochenende, wenn sein Namensvetter Michael Schumacher gewonnen hat. Er fiebert die zwei Rennstunden so sehr mit, dass er am Ende selbst nassgeschwitzt ist – die Überholmanöver, die abgewehrten Angriffe auf den ersten Platz und die vielen Beinah-Unfälle, ganz zu schweigen von den richtigen, regen Michael so sehr auf, dass er sich am Ende des Rennens oft in diese bizarren Bewegungen reinsteigert, die er schon als Kleinkind gemacht hat und durch die wir erst auf seine Probleme aufmerksam geworden sind. Ich habe schon oft überlegt, ob diese Aufregung gut für ihn ist, aber nach dem Rennen ist er meist so glücklich, dass ich es nicht übers Herz bringe, ihm dies zu nehmen. Es ist auch eine gute Schule für ihn, um zu lernen, mit Misserfolgen umzugehen, auch wenn es nicht die eigenen sind. Nicht immer gewinnt sein Favorit – manchmal kann der Fahrer das Rennen nicht einmal beenden, weil das Auto kaputtgeht oder ein Unfall passiert. Anfangs konnte Michael das gar nicht verstehen, aber irgendwann wurde ihm klar, dass Erfolg zum einen auf harter Trainingsarbeit beruht und zum anderen auch das Material halten muss. Und da weder Michael Schumacher noch die anderen Teilnehmer des Rennens am Ende einen Aufstand proben oder in Tränen ausbrechen oder sich motzend auf den Boden werfen lernt er immer besser mit Misserfolgen umzugehen – besonders mit seinen eigenen …

Entwicklungsmäßig läuft bei Michael alles genauso ab wie bei „normalen" Kindern und Jugendlichen. Auch er spürt die Tücken der Pubertät – ich übrigens auch –, kann aber mit vielem nicht so umgehen, weil er nicht wirklich weiß, was mit ihm passiert. Stimmungsschwankungen sind seit Eintritt dieser neuen Phase an der

Tagesordnung, und ich beginne, mir ernsthaft Gedanken über seine Sexualität zu machen. Wie gehe ich als Mutter mit ihm um? Was kann ich mit ihm bereden und was nicht? Können seine Brüder eventuell helfend einspringen, weil man(n) manche Themen lieber mit Männern bespricht? Jugendliche mit einer geistigen Behinderung stehen in diesem Bereich vielen Herausforderungen gegenüber, sei es, dass Mädchen ihre Zuneigung zu sehr zeigen und sich einfach Männern auf den Schoß setzen oder Jungs nicht den nötigen Abstand wahren. Was ist, wenn er sich zu einem dieser Männer entwickelt, die den Mädels lästig werden, der ein Nein nicht akzeptieren kann? Der die kulturelle Distanz nicht einhält, weil ihm das Verständnis dafür fehlt?

Fragen über Fragen! Ich merke immer mehr, dass hier neue Sorgen entstehen, die ich früher nicht hatte. Aber wenn ich ihn mit offenen Augen und ehrlichem Blick betrachte, merke ich, dass er kein süßes kleines Kind mehr ist, das alle mit seinem Charme einwickelt, sondern ein pubertärer und pickliger Jugendlicher, ein Beinah-Mann, der für Eltern von jüngeren Kindern, denen er begegnet, fast schon bedrohlich wirkt, weil er in seiner kindlichen und offenen Art auf diese zugeht und mit ihnen spielen will.

Als in der Schule ein Elternabend mit dem Thema „Behinderung und Sexualität“ angeboten wird, nehme ich dankbar die Chance an, etwas dazuzulernen. Leider entdecke ich, dass hier eher die Mädchen im Blick sind: Wie schütze ich Mädchen vor Übergriffen? Wie verhindere ich ungewollte Schwangerschaften? Ab wann ist Verhütung ein Eingriff in die persönliche Selbstbestimmung, ab wann ein Schutz? – Alles Fragen, die sicher gut und wichtig sind. Aber auf meine Frage, wie ich meinem Sohn eine gesunde Sexualität mit Verantwortung und allem, was dazugehört, vermittele, kann mir auch die eingeladene Referentin keine befriedigende Antwort geben. Natürlich, und das weiß ich, gehört zu einem gesunden sexuellen Verhalten zunächst einmal eine fundierte Erziehung. Wer wertschätzend und liebevoll erzogen wird, wird dies ja zunächst auch so weitergeben. Und wenn Michael gelernt hat, in anderen alltäglichen Situationen den Willen anderer Menschen zu respektieren und selbst keine Übergriffe erfahren musste, wird er mit großer Wahrscheinlichkeit auch selbst so agieren. Aber weiß ich, was die Hormone so alles mit ihm anstellen? Vor allem, wenn er sein Verhalten nicht immer reflektieren und so besser steuern kann? Ich frage mich auch, ob ich wirklich alles richtig gemacht habe. Doch es bleibt mir nichts anderes übrig, als auf meine Erziehung zu vertrauen, ihm in allen Situationen beizustehen und auch auf die Unterstützung der Schule zu hoffen, die eine sehr wertschätzende Aufklärungsarbeit mit ihren Schülerinnen und Schülern betreibt. Ein Gefühl der Unsicherheit bleibt trotzdem und ich fühle mich manchmal sehr alleine.

Meine Unsicherheit bezüglich seines Verhaltens legt sich ein wenig, als Michael sich zum ersten Mal verliebt, leider mit wenig Aussicht auf Erfolg, denn er hat sich in eine Messdienerin verguckt. Charlotte ist ein hübsches Mädchen, das zum einen viel zu jung ist und zum anderen zu den „normalen" Kindern gehört, die sich höchstens auf freundschaftlicher Basis mit einem behinderten Jungen abgeben. Michael redet Tag für Tag von Scha-lo-te. Bei jeder Gelegenheit erzählt er mir, dass er verliebt ist, und jeden Abend vor dem Schlafengehen denkt er an sie und betet für sie. Wenn er sie persönlich sieht, ist er sehr schüchtern und zufrieden damit, sie nur anzusehen. Er weiß gar nicht, wie sehr mein Herz blutet, wenn ich ihn dabei beobachte. Seine vorsichtigen und rührenden Annäherungsversuche, wenn man seine Blicke so nennen kann, werden niemals Erfolg haben. Niemals wird er sich den Traum von einer eigenen Familie erfüllen, niemals wird er eine gleichberechtigte Partnerschaft leben können. Es wird sowieso schwer genug für ihn sein, überhaupt eine Partnerin zu finden – wer will schon einen Freund, mit dem man sich nicht unterhalten kann, eben weil er nicht sprechen kann? Selbst unter „Seinesgleichen" wird er da nicht viel Glück haben, und so wird er immer nur von Freundschaft und Liebe träumen können.

Aus Sorge, dass die Eltern des Mädchens da etwas missverstehen können, suche ich sie auf und spreche mit ihnen. Ich kenne sie gut, deshalb kann ich mich das trauen. Ich erzähle ihnen, dass Michael in ihre Tochter verliebt ist, dass ich aber darauf achten werde, dass er sich ihr nicht ungebührlich nähert. Sie nehmen die Neuigkeit sehr freundlich auf. Sie mögen Michael, den sie schon als kleinen Jungen kennengelernt haben, und sind sehr gerührt und sogar ein bisschen stolz, dass er ihre Tochter mag. Auch haben sie keinen Zweifel daran, dass er sich ihrer Tochter gegenüber korrekt verhalten wird. Das beruhigt mich sehr, beschämt mich jedoch auch – offensichtlich hegen sie mehr Vertrauen in meinen Sohn als ich. Selbst der große Bruder von Charlotte knufft Michael freundschaftlich in die Seite und sagt: „Hey, du passt gut auf meine Schwester auf, oder?“

Nichts auf der Welt kann Beharrlichkeit ersetzen.
Talent nicht; nichts ist weiter verbreitet als erfolglose Männer mit Talent;
Genialität nicht; das verkannte Genie ist schon fast zum geflügelten Sprichwort geworden;
Bildung nicht; diese Welt ist voll von gebildeten Versagern;
Beharrlichkeit und Entschlossenheit allein sind ausschlaggebend.

CALVIN COOLIDGE

Samstag, 27. Juni 2007, Stadtlauf Trier

Langsam – sehr langsam – biege ich in die Neustraße ein. Jetzt ist es nicht mehr weit und ich höre, wie einige freundliche Zuschauer uns Letzten noch ein klatschendes Geleit als Anerkennung dafür geben, dass wir bis zum Ende durchgehalten haben. Ich bin völlig fertig, nicht nur körperlich, sondern auch geistig und seelisch, denn auch meine Gedanken haben Höchstleistungen abgelegt. Schon längst hat mich Michaels Klassenkamerad abgehängt – inzwischen weiß ich, dass er Daniel heißt. Nachdem ich ihn zum Weiterlaufen animieren konnte, hat er irgendwann gemerkt, dass er doch genug Kraft aufbringen kann, um wesentlich schneller als ich im Ziel anzukommen – was nicht wirklich eine Kunst ist. Ich schaue mich um und sehe, dass ich zwar inzwischen nicht mehr die allerletzte Läuferin bin, aber doch nicht mehr viele Leute hinter mir habe. Meinen Michael habe ich nicht mehr gesehen, und ich hoffe, dass er gut angekommen ist. So, wie die Streckenposten angeordnet und die Straßensperren aufgestellt waren, konnte er gar nicht falsch laufen – in dieser Hinsicht bin ich beruhigt. Und trotzdem bleibt das ungute Gefühl, meinen Sohn nicht mehr in meinem Blickfeld zu haben.

Auf der Zielgeraden kann ich mich dazu aufraffen, einen kleinen Endspurt hinzulegen. Begleitet von Rufen und Klatschen komme ich schließlich nassgeschwitzt, aber erleichtert im Ziel an. Jemand drückt mir eine Medaille in die Hand – die scheinen alle Teilnehmer zu bekommen, nett! – und plötzlich sehe ich Michaels Lehrer. Er kommt auf mich zu, fasst mich an den Schultern und sagt: „Da ist ja die Mama endlich! Der Michael hat sich schon Sorgen gemacht!“

Epilog

Die Teilnahme am Stadtlauf hat für Michael und mich eine ganz neue Ära eingeläutet. Im Grunde kann ich alles, was ich während des Laufes erlebt und erfahren habe, auf unser Leben, auf unser Mutter-Sohn-Verhältnis übertragen. So wie die Leiterin seines Kindergartens es mir prophezeit hat, habe ich gelernt, dass es neben seinen offensichtlichen Schwächen tatsächlich Dinge gibt, die Michael besser kann als andere, die er sogar „normalen" Menschen voraushat. Wer kann zum Beispiel schon von sich behaupten, bei einem offiziellen Stadtlauf zum ersten Drittel der Läufer zu gehören?

Michael hat mich beim Lauf im wahrsten Sinne des Wortes abgehängt. Und so wird – und soll – es auch in unserem Leben sein. Eine Zeitlang kann ich ihn auf seinem Weg begleiten. Es ist meine Aufgabe, für ihn da zu sein, ihn nach Kräften zu fördern und auf das Leben vorzubereiten. Das muss ich nicht alleine tun. Ich darf die Aufgabe mit kompetenten Menschen in Kindergarten, Schule und anderen beschützenden Einrichtungen, mit Familie und Freunden vertrauensvoll teilen. Sie alle tragen zu seiner Entwicklung bei und unterstützen ihn, wo es nötig ist. Das führt letztendlich auch dazu, dass Michael nicht mehr nur auf mich angewiesen ist, sondern andere Bezugspersonen findet, sodass ich nicht immer die wichtigste Person in seinem Leben sein werde. Das ist gut und wichtig für ihn, aber natürlich auch schmerzlich für mich. Er wird eines Tages seinen Weg selbst finden, und es ist meine Pflicht als

Mutter, ihm das zu ermöglichen. Ich muss ihn loslassen, so wie meine anderen Söhne auch, auch wenn das ungleich schwerer ist, weil ich das dringende Bedürfnis verspüre, ihn mehr als die anderen zu beschützen. Der Lauf heute hat mir aber noch mal deutlich gezeigt, dass ich nicht immer bei ihm sein kann. Es wird der Zeitpunkt kommen, an dem er mich abhängt, sich abnabelt, und meine Versuche, sein Tempo zu bestimmen („Halt! Warte!") werden ihn nur bremsen. Wenn ich ihn laufen lasse, ihn sein Tempo selbst wählen lasse, worauf ich ihn doch all die Jahre vorbereitet habe, dann wird er, unterstützt von Streckenposten, behindert vielleicht auch manchmal durch Barrieren, die ihm begegnen, sein Leben meistern.

Wichtig ist es jedoch, niemals aufzugeben, ihm etwas zuzutrauen, auch wenn es anfangs viel zu schwer erscheint. Wer hätte nach dem Besuch beim Neurologen damals in den USA gedacht, dass er eines Tages fit genug ist, einen Fünfkilometerlauf nicht nur durchzustehen, sondern so gut abzuschließen? Diese Zähigkeit und seinen Ehrgeiz hat er sich seit seiner Geburt angeeignet – bei all dem, was er mitmachen und durchstehen musste, ist das auch kein Wunder. Es hat ihn geprägt. Sicherlich wird es auch immer wieder Rückschläge geben, Misserfolge, Verletzungen – physisch und psychisch. Aber mit den richtigen Wegbegleitern wird ihn das stärken und letztendlich, wenn er nicht aufgibt, befähigen, sich selbst etwas zuzutrauen, seine Urteilsfähigkeit auszubauen und zu erkennen, was gut für ihn ist und was nicht. Als gläubige Christin bin ich fest davon überzeugt, dass Michael niemals alleine sein wird. Dass Gott ihm immer Menschen zur Seite stellen wird, die ihm wohlwollen, ihn weiterbringen und bei ihm sind, wenn ich es eines Tages nicht mehr bin.

In den letzten Jahren hat sich ein Schlagwort gebildet, das die Öffentlichkeit mehr und mehr darauf aufmerksam macht, dass auch und vor allem behinderte Menschen uns „Normale" viel lehren können: Inklusion! Die breite Masse der Bevölkerung versteht darunter oft, behinderte Menschen in alle Lebensbereiche integrieren zu *müssen.*

Unter Inklusion verstehe ich jedoch eine Haltung: Nicht *für*, sondern *mit* behinderten Menschen zu leben und unser Leben durch ihre Erfahrungen bereichern zu lassen. Es ihnen durch Barrierefreiheit, in Bauten wie auch in Sprache, zu ermöglichen, sich zum Beispiel Zugang zu anerkannten Schulabschlüssen und Stellen auf dem ersten Arbeitsmarkt zu verschaffen, und ihnen gleichzeitig die Freiheit zu lassen, den beschützenden Raum einer Werkstatt für behinderte Menschen zu wählen, wo sie ohne Leistungsdruck ihren Beitrag zur Gesellschaft leisten können. Menschen mit (geistigen) Behinderungen haben uns so viel zu geben: ihre Freude am Leben, ihr Vertrauen, ihre Liebe, ihre Fähigkeit, mit Schicksalsschlägen umzugehen, und die Weisheit, sich selbst so anzunehmen, wie sie sind, mit all ihren Stärken und Schwächen. Wenn wir uns auf sie einlassen, so wie sie sich tagtäglich auf uns einlassen und mit unseren Grenzen leben müssen, dann können auch wir die Engel und Könige in ihnen entdecken.

Nachwort

Das Buch endet mit diesem Lauf 2007, weil er eine Wende in unserem Leben markiert. In den folgenden Jahren hat Michael seine läuferischen Fähigkeiten weiter ausgebaut, an 10-Kilometer-Läufen teilgenommen und auch den Halbmarathon (21 km) geschafft. Er hat an den Special Olympics teilgenommen, eine Goldmedaille gewonnen, Schwimmen und Kanufahren gelernt und treibt weiterhin sehr gerne Sport. Zu seinem 18. Geburtstag bekam er einen Herzenswunsch erfüllt: Eintrittskarten zum Formel-1-Rennen auf dem Hockenheimring. Als Krönung arrangierte der Verein Herzenswünsche e. V. eine Begegnung mit seinen Helden Michael Schumacher und Nico Rosberg – ein Erlebnis, von dem Michael heute noch zehrt.

Michael arbeitet heute in der beschützenden Werkstatt der Lebenshilfe und hat dort seinen Platz gefunden.